청소년을 위한 **텐텐 경제학**

REGIERT DAS GELD DIE WELT?

Wie die Wirtschaft funktioniert und warum die Krise immer wieder kommt

by Hans-Christoph Liess with illustrations by Gerd Albrecht

© 2012 Arena Verlag GmbH, Würzburg, Germany

Korean Translation Copyright © 2012 by TOTO BOOK

All rights reserved

The Korean language edition is published by arrangement with

Arena Verlag GmbH through MOMO Agency, Seoul.

청소년을 위한

중고등 교과서 속 경제 개념을 꿰뚫는 10가지 질문과 10가지 답

1010
텐 텐

경제학

한스-크리스토프 리스 지음 | 고영아 옮김

팀

경제를 읽는 10가지 질문과 10가지 답

6   첫 번째 질문   **경제란 도대체 무엇인가?** *아리스토텔레스의 답*

    13   모든 것은 직접 만들어서

18   두 번째 질문   **시장 경제는 어떻게 탄생했을까?** *애덤 스미스의 답*

    24   타인에게 호의를 베푸는 이기주의자

    32   '보이지 않는 손'이 작동하려면

    36   양들의 여행이 시작됐다!

    39   국가가 계획을 세우면 경제는 망한다?

    43   ✚ 애덤 스미스가 쓴 두 권의 책

44   세 번째 질문   **자본가는 나쁜 사람일까?** *카를 마르크스의 답*

    47   ✚ 산업혁명은 경제를 어떻게 바꿨을까?

    52   두 개의 계급으로 나눠지다

    58   자본주의의 미래는 어떻게 될까?

64   네 번째 질문   **자본주의는 착한 경제가 될 수 없을까?** *구스타프 폰 슈몰러의 답*

74   다섯 번째 질문   **인간은 어떻게 경제 행위를 하는가?** *칼 멩거의 답*

    84   인간의 욕망에는 한계가 있다

90 여섯 번째 질문 **시장 경제와 계획 경제, 무엇을 택할까?** 루트비히 에르하르트의 답

        98   20년대의 황금기, 그리고 대공황

       104   제3의 길을 찾다

       111   ✚ 주식 시장이란 무엇인가?

       114   ✚ 두 개의 독일

118 일곱 번째 질문 **경제 위기는 왜 계속 반복될까?** 존 메이너드 케인스의 답

       126   망했다!

       129   문제는 실업이야

       134   2008~2009년의 세계 경제 위기

       144   ✚ 세계 경제 위기를 이해하는 핵심 경제 용어

146 여덟 번째 질문 **국가는 경제에 끼어들면 안 될까?** 밀턴 프리드먼의 답

158 아홉 번째 질문 **경제는 세상을 어떻게 변화시키는가?**

       161   경제가 성장하면 우리는 행복해질까?

       167   모두가 알고 있는 비밀

172 열 번째 질문 **경제 위기에 우리는 무엇을 할까?** 엘리노어 오스트롬, 니코 파에히의 답

       188   옮긴이의 글

       190   찾아보기

첫 번째
질문

경제란 도대체
무엇인가?

아리스토텔레스의 답

(그레타라는 여학생은 나에게 매우 중요한 질문을 던졌다. 그녀와의 대화는 또
한 명의 다른 그레타를 탄생시켰다. 숲 속에서 길을 잃고 헤매는 이 가상의 그
레타 이야기는 우리에게 경제의 의미를 깨닫게 해 줄 것이다. 경제란 도대체
무엇일까?)

19세기 경제사를 다루는 내 강의에 참석했던 학생들 가운
데 그레타 파울젠이라는 학생이 있었다. 단발머리의 여학생이었는데
나는 늘 그 학생이 수업에 별로 흥미가 없는 것 같은 인상을 받았다. 그
런데 어느 날 그레타는 나에게 느닷없이 "교수님께서 생각하시는 '경
제의 의미'가 정확히 무엇입니까?"라고 물었다. 당시에 나는 그레타
에게 만족스러운 대답을 해 줄 수 없었다. 사실 '경제'라는 용어가 무슨
뜻으로 쓰이는지 굳이 따로 정의하지 않아도 누구나 알고 있다고 생각
했기 때문이다. 자동차나 컴퓨터를 떠올리기만 해도 그 질문에 대한
답은 분명할 것이라 여겼다. 경제란, 돈을 버는 행위 그리고 물건을 사
고파는 행위와 관련된 것이다. 그렇다면 교사의 경우는 어떠한가? 교
사도 일을 하러 가고 돈을 번다. 하지만 교사가 하는 일은 경제라기보

다는 교육이나 문화에 속하는 것이라고 보아야 하지 않을까? 솔직하게 말하자면 이 질문에 정확한 답을 하기는 어렵다. '경제'라는 용어를 어떤 뜻으로 사용하고 있는지 또한 불분명하다.

시간이 한참 지나고 나서야 나는 그레타의 질문이 얼마나 중요한 것이었는지를 깨닫게 되었다. 물론 교과서에서 경제의 의미를 찾아 볼 수도 있다. 거기엔 아마도 "경제란, 인간이 필요로 하는 것들을 제공하는 모든 시설과 행위로 유한한 재화와 서비스의 생산과 소비, 그리고 분배에 관련된 모두를 포함한다."라고 적혀 있을 것이다. 이러한 정의는 너무나 추상적이어서 경제 개념이 어떤 기본적인 생각을 바탕으로 하여 정립되었는지 밝혀내기가 어렵다.

그레타의 질문에 제대로 대답하지 못했던 나의 잘못을 이 책을 통해 바로잡고 싶다. 그래서 처음부터 아주 간단해 보이는 질문에 대한 대답부터 찾아 나가려고 한다. 경제란 대체 무엇일까?

경제는 몇몇 개념들 사이의 관계를 건축 재료로 삼아 지어진 복잡한 건축물과 같다. 기본적인 개념과 개념 사이의 관계를 이해한다면, 그것을 재료로 하여 지어진 건축물이 우리가 생각하는 것처럼 복잡하지 않다는 사실을 알게 될 것이다.

하지만 우리가 오늘날 경제의 바탕을 이루고 있는 이론적 기초를 찾아내는 일은 결코 쉽지 않다. 왜냐하면, 그 기초는 여러 층으로 된 온갖 이론 속에 깊숙이 파묻혀 있기 때문이다. 여기서 잠깐 그레타와 친구들의 이야기를 해 보기로 하자.

교과서 속 경제 개념

재화와 서비스
인간이 살아가기 위해서 생활에 필요한 것으로 인간이 생산하고 소비하는 모든 대상. 재화는 유형의 물건이고, 서비스는 물건의 형태를 지니지 않으면서 인간에게 유용한 것을 말한다.

생산 / 소비 / 분배
생산 : 생활에 필요한 재화나 서비스를 만들어 내는 활동
분배 : 생산 활동에 기여한 대가를 각자의 소득으로 나누는 활동
소비 : 재화와 서비스를 이용하거나 소모하는 활동

자전거 여행

어느 날 아침 그레타는 친구들과 함께 자전거 여행을 떠났다. 땅거미가 깔릴 즈음, 마을을 가리키는 중요한 이정표를 놓치는 바람에 길을 잃고 숲 속에 있는 공터에 이르게 되었다. 그들은 그곳이 어디인지 전혀 알 수 없었고, 한 친구가 넘어져서 머리에 충격을 입는 사고까지 일어났다. 친구의 몸 상태가 나아져다 같이 떠날 수 있을 때까지 며칠 간은 그 낯선 장소에 머무르는 수밖에 없었다. 당분간이었지만 그곳에 있는 동안에는 어떻게든 비바람을 피할 장소를 구해야 했다.

운 좋게도 첫날은 밤에 비가 오지 않았지만 계속 날씨가 좋으리라 기대할 수는 없었다. 음식을 하고, 몸을 따뜻하게 하려면 땔감도 필요했다. 그레타와 친구들은 무거운 마음으로 땅바닥에 누워 잠을 청했다. 다음 날 아침, 다행히 해가 비치자 그들은 몇 개의 그룹을 짜서 필요한 것을 구하러 나가기로 했다. 첫 번째 그룹은 마실 물을 찾으러 떠났다. 다들 심한 갈증에 허덕이고 있었기 때문이다. 두 번째 그룹은 먹을 만한 것을 구해 오기로 했다. 공터 근처의 민들레나 다른 풀의 잎사귀로 샐러드를 만들어 먹으면 좋을 것 같아서였다.

하지만 샐러드만으로 끼니를 때울 수는 없었다. 첫 번째 그룹에 속해 있던 한 친구가 시내에서 물을 길어 오다가 길가에서 발견한 감자밭 이야기를 꺼내며 아직 남아 있는 감자가 꽤 많을 거라고 했다. 잠잘 자리를 만드는 일을 맡았던 세 번째 그룹도 몇 차례 시도 끝에 성공했다. 공터에서 지낸 지 이틀째 되던 날, 풀잎과 나무줄기를 엮어 만든 움막은 그들에게 비바람을 막아 줄 아늑한 보금자리가 되었다. 땔감도 충분해서 모닥불에 감자를 구워 먹을 수 있었을 뿐 아니라 몸을 녹일 수도 있었다.

모든 것은 직접 만들어서

우리는 그레타와 친구들 이야기에서 어떠한 경제적 의미를 밝힐 수 있을까? 그들이 숲 속 공터에서 겪은 일은 돈 혹은 무언가를 사는 행위와 아무런 관계가 없다. 하지만 그들의 모험은 우리에게 경제의 가장 중요한 역할은 살아남기 위해 그리고 살아가는 데 필요한 것을 제공하는 일이라는 사실을 보여 준다. 생존과 생활에 필요한 음식과 온기, 비바람으로부터의 보호는 실생활에서 경제가 우리에게 제공하는 것과 별반 다르지 않다. 우리 생활의 대부분을 차지하는 것은 생필품을 구입하는 일, 집을 장만하기 위해 돈을 버는 일, 그리고 난방비를 지불하는 일이 아닌가.

그렇다고 경제가 우리 삶에 필요한 모든 것을 제공하는 것이라고 할 수 있을까? 모든 것이라고 말할 수는 없다. 이는 우리가 살기 위해서 절대적으로 필요한 공기의 양을 생각해 보면 알 수 있다. 그레타와 친구들은 공기가 부족할 것에 대해서 전혀 걱정하지 않았다. 공기는 이미 주어져 있는 것이고, 공기를 구하기 위해 노력할 필요가 없기 때문이다. 이것이 바로 중요한 점이다. 도처에 이미 넘칠 정도로 충분히 존재하는 것은 경제의 대상이 되지 않는다. 정도의 차이는 있지만 그 양이 제한되어 있는 것, 즉 희소성이 있는 것만이 경제의 대상이다. 그레타 일행의 경우에 경제의 대상은 땔감과 몸을 피할 장소 그리고 물과 식량이다.

생활과 생존에 필요하면서 그 양이 제한되어 있는 모든 것은 소중하다. 우리는 그것을 경제적인 용어로 '재화', 좀 더 구체적으로는 '유한한 재화'라고 말한다. 경제는 인간의 생존과 생활 전체에 필요한 유한한 재화를 확보하는 행위와 관련된 것이다. 교과서에 나와 있는 경제의 정의 또한 그것이 아무리 복잡하게 들릴지라도 결국 같은 말이다. 경제란, 인간이 필요로 하는 것을 제공하는 모든 시설과 행위로 유한한 재화와 서비스의 생산 및 소비 그리고 분배에 관련된 전부를 포함한다.

여기서 우리가 정의한 경제 개념은 앞으로 언급할 내용이 얼마나 복잡한가와 상관없이 계속 유효할 것이다. 가장 근본적인 개념이기 때문에 경제에 관한 어떤 이론에도 항상 적용될 수 있기 때문이다.

경제에 관하여 최초로 이론적인 토대가 되는 생각을 제공한 사람은 아리스토텔레스(기원전384-기원전322)였다. 그가 윤리학과 물리학, 정치학과 희극론에 이르기까지 많은 분야에서 체계적인 사고를 시작한 학자였다는 점에서 이는 전혀 놀랍지 않다. 아리스토텔레스는 지금으로부터 약 2,300년 전에 아테네에 살았던 철학자이지만 그의 생각은 우리에게 결코 낯설지 않다.

아리스토텔레스 ➜ 경제란 20~30명 정도가 함께 사는 농장에서 모든 사람들이 일 년 내내 생활에 필요한 모든 것을 제공받을 수 있도록 농장을 꾸려 가는 것이다.

그가 활동했던 시기에 경제는 소규모의 집단이나 농장을 단위로 모여져 만들어진 집단에 국한되었다. 각각의 집단은 다른 집단과 거의 교류가 없었고, 자신의 집단에 필요한 모든 것을 자급자족으로 해결해야 했다. 이는 자전거 여행 도중 길을 잃었던 그레타 일행에게 닥쳤던 상황과 비슷하다.

자급자족 경제 체제를 유지하기 위해서 일 년 내내 농장의 모든 구성원이 매우 바빴다. 당시에 헬리콥터가 있어 하늘 위에서 아래를 내려다 봤다면, 서로 아무런 관계를 맺지 않고 각자 자신만의 경제를 꾸려가느라 바쁘게 움직이는 모습을 발견할 수 있었을 것이다.

그 당시에 경제는 농장에서 필요한 모든 것이 공급될 수 있게 모든 활동을 조직하는 행위를 의미했다. 그리고 그것이 얼마나 어려운 과제였는지는 그레타와 친구들의 이야기를 통해 우리는 잘 알 수 있다.

자급자족 경제 체제가 도입된 이후로 많은 것이 변했다. 우리가 입고 있는 옷을 살펴봐도 그 사실을 알 수 있다. 옷 가운데 우리 가족이나 주변 사람이 직접 만든 것이 얼마나 될까? 거의 없을 것이다. 그리고 각각의 제품에 붙은 상표만 보더라도 우리가 걸친 옷을 만드는 데 전 세계가 참여했다는 사실을 알 수 있다. 예를 들어 영국산 양모로 인도에서 생산한 스웨터에 포르투갈에서 수입한 바지를 입고, 중국제 구두를 신고 있는 모습을 생각해 보자. 여기에 각각의 제품을 만드는 데 들어간 원료를 더한다면 우리의 옷차림이 전 세계의 산물이라는 것이 결코 과장이 아니다.

작은 농장의 자급자족 경제 체제는 수천 년 전에 인류가 정착 생활을 시작한 시기에 확립되었고, 그것이 얼마나 오랜 기간 유지되었는지를 생각해 보면 참으로 놀랍다. 오늘날 우리의 옷차림을 예로 든 데서 알 수 있듯이, 지난 200년 동안 달라진 우리의 생활을 감안한다면 약 250년 전까지 자급자족 경제 체제가 유지되어 왔다는 사실은 믿을 수 없을 정도다. 물론 중세 이후로 마을의 농장이 서로 협동하는 일이 없던 것은 아니었지만, 각 농장이 필요한 것의 대부분을 직접 조달했다는 점은 크게 달라지지 않았다. 단지 예외가 있다면 수레바퀴처럼 쇠를 단련해 만든 제품을 생산할 때처럼, 숙련된 기술이나 값비싼 도구가 있어야 하는 경우였다. 누구나 모루가 구비된 대장간이나 수레를 만드는 작업장을 갖고 있을 수는 없는 노릇이었다. 그래서 편자를 만드는 대장장이나 수레를 만드는 목수는 마을 전체에 필요한 물품을

대는 특수한 직업이었다. 하지만 그것은 예외적인 경우였고, 나머지
는 농장에 사는 구성원이 알아서 해결했다.

　　이런 이유에서 아리스토텔레스 이후로부터 250년 전까지의
경제에 관한 글은 농장 사람들이 한 해 동안 살아가는 데 필요한 유한
한 재화를 어떻게 확보할 수 있는지, 그러기 위해 농장의 활동을 어떻
게 조직하고 관리할 것인지에 관한 내용이었다.

교과서 속 경제 개념

재화의 희소성

생활에 필요한 대부분의 재화는 사람들이
갖고 싶어 하는 양에 비해 그 존재량이
부족하다. 경제학에서는 이를 '희소성'이라
한다. 단순히 수가 적음을 의미하는
것이 아니라 인간의 욕구와 필요보다
상대적으로 모자라다는 것을 의미한다.
아무리 존재량이 많더라도 사람들이
부족함을 느낀다면 그 재화는 희소성이
있는 것이다.

경제재 / 자유재

희소성이 있기 때문에 대가를 지불해야
하는 재화를 '경제재(economic goods)',
만족을 주지만 희소성은 없는 재화를
'자유재(free goods)'라고 한다.

두 번째
질문

시장 경제는
어떻게
탄생했을까?

애덤 스미스의 답

(그레타는 숲 속에서 살기로 결심한다. 애덤 스미스는 그레타의 생각이 왜 현실
적이지 못한지를 우리에게 설명해 줄 것이다. 자유 시장 경제는 어떻게 탄생했
을까? 지금까지 우리가 가졌던 애덤 스미스에 대한 오해를 차차 풀어 나가자.)

　애덤 스미스는 동정을 받아야 할 학자였는지도 모르겠다.
오늘날까지 가장 위대한 경제학자 가운데 한 사람으로 꼽히면서도 그
누구보다도 심한 오해를 받고 있기 때문이다. 애덤 스미스(1723-1790)는
스코틀랜드에서 태어나 일생의 대부분을 그곳에 살며 도덕 철학자로
활동하였다. 하지만 그가 유명해진 것은 '인간은 최대한 이기적으로
행동해야 한다.'라는 무척 비도덕적으로 들리는 주장 때문이었다. 이
런 견해 때문에 그는 많은 사람들에게 비난을 받았다.

　　그러나 이는 애덤 스미스의 경제 이론이 '인간에게는 타인에
게 호의를 베푸는 성향이 있다.'라는 전제에서 출발한다는 점을 간과한
것이다. 이는 그의 중요한 저서 두 권 중 한 권은 경제에 관한 것이고,
다른 하나는 도덕에 관한 것인데 경제에 관한 책에만 사람들이 집중했

기 때문이다. 실제로 경제에 관한 책만 읽으면 이기심이 그의 이론에서 매우 중요한 위치를 차지하고 있다는 생각을 하게 된다. 오랜 시간이 지나고 나서야 비로소 도덕에 관한 그의 책이 경제에 관한 책에서 설명되지 않은 많은 부분을 보완하고 있다는 사실이 널리 알려졌다.

예를 들어, 인간의 행위에 근본적인 동기가 되는 것이 바로 타인에게 최상을 바라는 마음, 즉 타인을 향한 호의라고 주장했다. 따라서 그가 말한 이기심은, 자기 자신만을 위해서 사리사욕을 채우는 그런 개인적인 이기심이 아니라 인간의 보편적인 가치와 숭고한 목적을 위한 이기심이다. 이를 좀 더 잘 이해하기 위해 우리의 자전거 여행객이 머물고 있는 숲 속으로 돌아가 보자. 우리가 마지막으로 보았던 그들은 다시 길을 떠날 수 있게 될 때까지 꽤 잘 지내고 있는 모습이었다. 하지만 만약 그들이 숲 속에서 며칠을 보낸 후에 그곳이 마음에 든다면 어떻게 될까? 복잡한 문명 생활로 돌아가는 대신 그냥 자연 속에서 살기를 선택한다면 어떤 일이 벌어질까?

자급자족 생활

"도대체 무엇 때문에 집에
돌아가야 하는 거지? 자연 속에서
사는 게 훨씬 근사하지 않아?"

"내 생각도 그래!
아침이면 새소리에 눈을 뜨고 한낮에는
시내에서 몸을 식히고 저녁이면 모닥불 앞에
오붓하게 둘러앉으니 좋잖아."

이것이 과연 좋은 생각일까? 며칠 간 살아남는 데 필요했던 것은 그다지 많지 않을지도 모르지만, 시간이 지나면 살아가는 데 필요한 것을 구하는 일이 점점 더 어려워질 것이다. 겨울이 되면 감자밭에 감자가 있을 리 없고, 풀밭에 민들레가 있을 리도 없다. 숲 속에 계속 남으려면 미래를 대비해야 한다. 지금 먹을 식량뿐만 아니라 긴 겨울을 날 식량도 확보해야 한다. 거처도 더 튼튼하게 만들어야 하고, 지붕도 더 두껍게 만들어야 하며 바닥도 한기가 올라오지 않도록 고쳐야 한다. 무엇보다도 충분한 땔감과 따뜻한 옷이 필요하다. 물을 길어 오거나 감자밭에 남아 있는 감자를 캐 오는 일만으로는 충분하지 않다.

채소와 과일 농사도 지어야 한다. 감자만 먹고 살 수 있는 사람은 없기 때문이다. 의복과 주거 문제를 고려하면 사태는 더욱 심각하다. 제대로 된 집을 지어야 하니 나무도 베어야 하고 벽도 세워야 하며 화덕도 필요하고 가구도 더 만들어야 한다. 옷을 장만하기 위해서는 양을 키워 양털을 깎아야 하고, 깎은 양털로 옷감을 만들고, 그 옷감으로 옷을 지어야 할 텐데...... 맙소사, 부디 성공하길!

이처럼 필요한 것을 일일이 나열하자면 끝도 없다. 결국에 선택은 한 가지밖에 없다. 아침부터 저녁까지 계속 일하다가 밤이 되면 녹초가 돼 쓰러지는 생활을 되풀이해야 한다. 물론 결코 성공할 리 없다고 말해 그들의 꿈을 산산조각낼 작정은 아니다. 그들이 숲 속에서 자급자족으로 몇 년을 살아갈 수도 있겠지만, 그것은 자전거 여행이나 호숫가에서 휴양이나 하는 이전의 생활과는 거리가 멀다. 독서를 하는 일도 쇼핑을 하러 가는 일도 없을 것이다. 먹고사는 일 이외의 어떤 것도 누릴 수 없는 삶이 되는 것이다. 우리의 선조는 이런 삶을 수천 년 동안이나 유지해 왔다.

교과서 속 경제 개념

자급자족 경제
원시적인 수렵·어로 사회나 농경 사회에서는 생활에 필요한 물건들을 스스로 만들어서 사용해야 했다. 이처럼 생활에 필요한 물건을 각자 직접 만들어 사용하는 방식을 '자급자족 경제'라고 한다.

타인에게 호의를 베푸는 이기주의자

애덤 스미스를 기점으로 경제 이론은 진정한 의미에서 혁명이라 할 만한 변화를 겪는다. 그리고 그 획기적인 변화는 오늘날까지 우리 삶을 규정하고 있다.

애덤 스미스 ➡ 우리가 모두 자기 자신만을 위해서가 아니라 오로지 다른 사람들을 위해서만 일할 때, 우리 모두의 삶은 더욱 윤택해질 것이다.

그것이 어떻게 가능할까? 얼핏 생각하면 상상하기조차 어렵다. 예를 들어, 우리 모두가 맛있는 음식이 잔뜩 차려진 식탁에 앉아 있다고 치자. 각자의 손에는 숟가락 한 개와 포크 한 개가 쥐어져 있는데 그것으로 자기가 먹는 것이 아니라 옆에 앉은 사람에게 음식을 먹여 주어야 한다고 가정해 보자. 우리는 식사 시간이 끝날 때쯤 과연 배

가 부를 것인지에 대한 의문을 품을 수밖에 없다. 옆에 앉아 있는 사람
이 어쩌면 나를 싫어하는 사람이라 음식을 주지 않으려 할 수도 있기
때문이다. 게다가 내가 무엇을, 얼마나 먹고 싶은지 다른 사람이 무슨
수로 알 수 있단 말인가? 그러니까 모두가 각자 자기 손으로 먹는 것을
더 선호하는 것이다.

　　　애덤 스미스는 대부분의 사람들이 농업에 종사하고 자급자
족 경제 체제하에 살아가던 시기에 살았다. 이런 상황에서 애덤 스미스는 그
의 책에서 우리가 모두 가난하고 힘든 생활에서 탈피하려면 각자 자신
이 가장 잘할 수 있는 일을 하는 것이 좋겠다는 제안을 한다. 우
리 모두 각자가 잘할 수 있는 한 가지 일만 한다면 자신의 적성에 맞지
않을지도 모르는 여러 가지 일을 하는 것보다 훨씬 더 많은 것을 이룰
수 있다고 생각했기 때문이다. 그는 핀 만드는 사람을 예로 들어 자신
의 생각을 설명했다.

핀 만들기

자급자족하던 시대에 어느 작은 농장에서 일어난 일이다. 농부의 아내는 핀 몇 개가 필요했다. 농장의 일꾼 한 사람이 핀을 만들어야 했는데 그 사람은 핀 만드는 일 외에도 밭을 갈고, 연장을 벼리고, 나무를 쪼개는 등   할 일이 많은 사람이었다.

하루가 지나는 동안 몇 번의 시도 끝에 일꾼이 만들어 낸 핀은 고작 두 개였지만 그다음 날 일꾼은 핀 30개가 담긴 통을 농부의 아내에게 내밀었다. 이 일꾼이 핀 만드는 일에만 전념한다면 핀을 가장 잘 만들어 내는 방법을 터득하게 될 것이다. 하지만 문제가 있다.

문제는 거기에서 그치는 것이 아니다. 자급자족으로 운영되는 예전의 경제 체제에서라면 이 사람의 처지는 아주 곤란할 것이다. 겨울이 되어도 가진 것이라곤 수천 개의 핀뿐 먹을 것도 땔감도 없을 것이기 때문이다. 그렇게 되지 않으려면 많은 사람이 각자 자신이 가장 잘할 수 있는 일을 하는 데 동참해야 한다. 그래야만 다른 사람들이 식량과 땔감 그리고 의복 등 필요한 것을 자신이 아닌 남을 위해 제공할 것이기 때문이다. 다시 말해서 어떤 사람은 오로지 모자만 만들고 어떤 사람은 오직 낫 갈기만 하고, 또 한 사람은 빵만 굽고 또 다른 사람은 옷에 단추 달기만 하는 식으로 그 이전에는 한 사람이 해 왔던 모든 일을 나누어 맡는 것이다. 그렇게 분업이 이루어지면 누구나 자신을 위해서가 아니라 다른 사람들을 위해서 일하게 된다. 그리고 그렇게 해서 만들어진 핀과 모자, 빵 그리고 단추의 양은 핀 만드는 사람의 예에서 보듯이 한 사람이 여러 가지 일을 하면서 만들어 낸 것들을 합친 것보다 훨씬 더 많아질 것이다.

그렇다면 분업은 어떻게 행해져야 할까? 어떻게 해야 식탁에서 내 손을 사용하지 않고도 배불리 먹을 수 있을까? 내가 직접 하지 않아도 필요한 것을 모두 얻게 된다고 믿을 수 있을까?

애덤 스미스는 그사이에 교환 수단으로 화폐가 발명되었기 때문에 분업이 가능하다고 말한다. 화폐는 사실 이전까지는 시장에서 물물 교환이 이루어질 때, 교환할 물건이 없으면서 반드시 필요한 물건이 있을 때만 예외적으로 통용되었다. 하지만 분업이 도입된 경제에서 화폐는 없어서는 안 될 필수 요건이다. 화폐가 있어야만 핀 만드는 사람이 핀을 시장에 내다 팔아 번 돈으로 자기가 필요한 물건을 구입할 수 있기 때문이다.

　　그래도 여전히 한 가지 문제가 해결되지 않았다. 내가 살아가는 데 필요한 것들이 충분히 생산될 것이라는 보장이 있는가? 예를 들어 핀 만드는 데 소질이 있는 사람은 다섯이나 되는데 구두끈을 잘 만드는 사람은 단 한 명뿐이라면 어떻게 될까? 핀 가게에는 100명이 평생 쓰고도 남을 만큼 핀이 잔뜩 쌓여 있지만, 구두끈 가게는 금세 물건이 동이 날 것이다. 그렇게 되면 대부분의 사람은 끈 없는 구두를 신고 돌아다녀야 하는 걸까?

　　기존의 장원 경제(봉건 사회에 나타난 자급자족 경제의 단위로 영주와 농민의 신분 관계가 성립됐던 경제 체제)에서는 이런 문제를 걱정할 필요가 없었다. 조직의 규모가 작아서 장원 전체의 관리인은 경험상 구성원이 필요한 물품의 양을 알고 있었기 때문이다. 예를 들어, 장원에 사는 인원이 20명이라면 필요한 구두는 20켤레이고, 아침에 빵을 두 개씩 먹으니까 매일 40개가 필요하다. 하지만 분업을 하게 되면 거기에 동참하는 사람이 서로 알고 지내는 사람들로 국한되지 않고, 그 숫자는 훨씬 더 많아질 것이다. 그렇게 되면 빵이 부족하게 되지는 않을까 걱정해야 하는 건 아닐까? 아니면, 빵값이 너무 올라 도저히 사 먹을 수 없게 되는 것은 아닐까?

　　이 의문에 답하기 위해 이제 스미스의 혁명적인 두 번째 발상으로 넘어가 보자. 이 두 번째 부분은 첫 번째 부분인 분업보다도 훨씬 더 근사하게 들린다. 애덤 스미스의 견해는 우리가 모든 사람에게 필요한 재화가 충분히 생산될 것인지, 모든 사람이 그것을 구할 수 있는지 염려하지 않아도 된다는 것이다. 시장에서는 그 문제가 마치 기적처럼 저절로, 우리가 조정하는 것보다 훨씬 더 효율적으로 해결된다는 말이다. 애덤 스미스는 분업을 통해 재화가 생산되고, 그 재화가 화폐를 수단으로 시장에서 교환된다면 모든 재화가 자동으로 공평하게 분배될 것이라고 보았다. 유일한 전제 조건이 있다면 누구나 최대한 많은 돈을 벌기를 원해야 한다는 점이다.

교과서 속 경제 개념

분업과 특화

생산 과정의 모든 단계를 한 사람이 담당하지 않고 여러 사람이 나누어 담당하는 것을 '분업'이라 하고, 남보다 잘할 수 있는 일에 전념하여 전문적으로 생산하는 것을 '특화'라고 한다. 분업과 특화는 생산성을 높이고, 교환을 통해 이전보다 더 많은 재화를 소비할 수 있게 하므로 생활 수준의 향상에 이바지했다.

교환의 이익

분업의 이익이 실제로 나타나기 위해서는 교환이 필요하다. 물건을 필요로 하는 사람들이 교환을 통해 각자에게 필요한 물건을 획득할 수 있기 때문이다. 교환은 참여하는 당사자들 모두에게 이익을 가져다준다. 교환을 통해 참여자들 모두가 이익을 얻을 수 없다면 교환은 이루어지지 않을 것이다.

핀을 만든 사람은 매우 만족했다. 저녁 무렵 그가 가져온 핀이 거의 다 팔렸기 때문이다. 시장에서 핀을 파는 다른 사람은 없었다. 그런데 다음 날......

시장에는 핀을 파는 가게가 하나 더 늘어 두 군데가 되었고, 빵 가게도 두 곳이나 더 생겼다.

사람들이 거의 대부분 갓 구운 빵을 좋아했기 때문에, 모든 빵 가게는 정오 무렵에 빵을 다 팔았다. 가게 주인은 빵 가격을 더 올렸다. 그러나 핀 가게는 정반대였다. 오후가 될 때까지 절반 정도밖에 팔지 못하자 그들은 핀 가격을 낮추기로 했다.

저녁이 되었을 때, 핀을 파는 사람들은 과연 자신이 필요한 물건을 살 수 있을 만큼 돈을 충분히 벌었을까? 아니었다. 두 번째 핀 가게를 열었던 사람은 결국 망했고, 빵 가게로 바꿀 생각을 한다.

'보이지 않는 손'이 작동하려면

시장에서 무슨 일이 일어난 걸까. 이를 이해하기 위해 애덤 스미스의
이론을 좀 더 자세히 살펴보자. 애덤 스미스는 '보이지 않는 손'의 법칙
이 시장을 지배한다고 설명했다. 그가 말한 보이지 않는 손이란 모든
개인이 각자 최대한 많은 경제적 이익을 얻기 위해 노력하는데도 불구
하고, 자연스럽게 적절한 양만큼 재화가 생산되어 공평하게 분배되는
작용 원리다. 이 원리에 따라 수요와 공급은 마치 기적처럼 저절로 조
절된다. 핀 만드는 사람의 예와 같이 공급이 너무 많으면 가격이 내려
가고, 가격이 내려가면 그 물건을 만드는 사람은 줄어들고 그 대신 잘
팔리는 물건을 만드는 사람이 늘어날 것이다. 빵 가게의 빵값이 비싼
것을 보면 알 수 있듯이 어떤 것이 잘 팔리는지는 가격이 알려 준다. 두
번째 핀 가게를 열었던 사람이 빵으로 업종을 바꾸면 한편으로는 돈을
벌 수 있을 뿐 아니라 빵값이 적당한 가격으로 내려가게 유도하는 효
과도 거둔다. 애덤 스미스는 '보이지 않는 손'이 신의 섭리라고
생각했다. 오늘날의 경제학자들은 이것이 물리 현상을 설명하는 중력

의 법칙처럼 일종의 자연법칙과 같은 원리라고 생각한다.

애덤 스미스의 이론대로 시장 경제가 성립하려면 반드시 지켜져야 하는 조건이 한 가지 있다. 충분히 많은 사람이 참여해야만 한다. 핀을 만드는 사람의 예시에서 보았듯이 그가 핀을 팔아 번 돈으로 자기에게 필요한 다른 물건을 살 수 있으려면, 그것을 만드는 다른 사람이 있어야만 시장이 제대로 돌아갈 수 있기 때문이다. 애덤 스미스 이전에 시장이 움직이는 원리를 발견하지 못했던 것은 그 이전에는 시장 경제 체제가 성립할 만큼 많은 사람이 시장에 참여하는 것이 불가능했기 때문이다.

여기에는 가장 중요한 이유 두 가지가 있었다. 첫 번째 이유는 교통수단이 발달하지 못해 빠르게 이동할 방법이 없었기 때문이다. 기차나 자동차, 지하철이 발명되기 전이라 어딘가로 이동하려면 걷거나 마차를 타는 방법밖에 없었는데, 마차 역시 그다지 빠르지도 않았다. 따라서 교통수단이 발달하지 않았던 애덤 스미스가 살던 시대 이전에는 한마을에 사는 사람의 수 이상은 분업 경제에 참여하기 어려웠다. 물건을 팔기 위해 걸어서 이웃 마을까지 가는 것은 가능했지만, 그보다 더 먼 거리는 무리였던 것이다. 먼 거리를 왕복하려면 시간이 오래 걸려서 일할 시간을 너무 많이 빼앗겼기 때문이다. 교통수단이 갖춰지지 않고는 자급자족 경제 체제에서 벗어날 길이 없었다. 왜냐하면 단지 시장에 가는 것만이 문제가 아니라 무언가를 생산하는 데 필요한 원료를 구하는 일 또한 교통수단 없이는 불가능했기 때문이다. 가

령 한 달에 몇 개 정도 개인적인 용도에서 핀을 만든다면 문제가 없겠지만 핀 만드는 일을 생업으로 삼는다면 자기가 사는 마을에 있는 쇠붙이만으로는 턱없이 부족하다. 시장 경제는 도로망 혹은 교통 구조물이 설비되어 있어야만 가능했다. 오늘날에는 이것을 사회 기반 시설 (Infrastructure : 본래는 하부 구조 혹은 하부 조직을 뜻하는 일반적 용어이나 경제 활동의 기반을 형성하는 시설과 제도를 총칭하는 의미로 쓰인다. 대표적인 예로 도로, 항만, 철도 등을 들 수 있다.)이라 부르는데 말 그대로는 '아래에 놓인 기초'라는 뜻이다.

두 번째 이유는 쉽게 짐작이 가지 않는다. 당시 사람들이 시장에 가서 물건을 팔아 돈을 벌지 못했던 또 다른 이유는 무엇이었을까? 19세기 이전까지 사람들은 가고 싶은 곳에 마음대로 갈 수 없었다. 불과 200여 년 전까지만 해도 대부분 사람들이 자기가 태어난 곳에서 평생 살았고, 많은 경우 직업도 태어날 때부터 정해져 있었다. 그런 삶이 존재했다는 사실은 정말 믿기지 않는다. 하지만 당시 봉건 사회의 지주와 소작농의 관계는 부모와 자식 간의 관계와 비슷했다. 우리는 자식인 이상 우리가 하고 싶은 대로 행동할 수 없다. 잠시 집을 떠날 때 반드시 부모의 허락을 구해야 하며 부모가 시키는 집안일을 해야 한다. 혼자 다른 도시에 가서 살고 싶다면 부모의 승낙을 받아야 하고, 내키지 않더라도 부모와 함께 휴가를 보내야 한다. 그 대신 부모는 우리를 돌보고 우리에게 먹고사는 데 필요한 모든 것을 준다.

200여 년 전 봉건 지주의 비호 아래 생활했던 대부분의 사람들이 부모의 보호 아래 있는 자식과 같은 삶을 영위했다. 그들은 커다란 가족의 일원이었으며 이 대가족의 가장이 곧 지주였다. 지주는 백작이나 공작 혹은 기사 등의 귀족이었다. 지주는 부모가 자식에게 영향력을 행사하듯 자신의 소작농을 지배했고, 부모가 자식을 돌보듯이 자신의 소작농을 돌보았다. 지주들이 예전에 종종 자신의 소작농을 '내 땅의 아이들'이라 불렀던 것은 이런 이유에서였다. 더불어 지주가 결정권을 가지고 있던 것은 단지 농사에만 국한되지 않았다. 소작농은 심지어 결혼할 때나 상급 학교에 진학할 때에도 지주의 승낙을 받아야 했다. 소작농은 지주에게 수확량의 10분의 1을 소작료로 바쳐야 했으며 자식은 누구나 본인의 의사와 상관없이 아버지의 직업을 물려받아야 했다.

이런 상황에서 시장 경제 체제가 탄생한다는 것은 당연히 불가능했다. 시장은 수요와 공급 사이의 균형을 통해 움직이는데 사람들이 물건을 더 잘 팔아 더 많은 돈을 벌 수 있는 곳으로 마음대로 이사를 하지도 못하고, 직업도 자유롭게 선택할 수 없는 상황에서 시장이 제대로 기능을 발휘할 수는 없었기 때문이다. 시장의 기능이 활성화되기 위해서는 오늘날 우리가 당연하게 누리는 자유가 필요했다. 자기가 살고 싶은 곳에서 거주할 자유, 직업이나 배우자를 선택할 자유 같은 것들이 시장 성립의 필수 요건인 것이다. 애덤 스미스가 살던 시기에는 사회 기반 시설과 개인의 자유가 점차 확대되기 시작했다.

양들의 여행이 시작됐다!

먼저 도로망에서 일어난 변화를 살펴보자. 의류 산업은 분업의 혜택을 가장 많이 받은 분야였다. 특히 셔츠와 양복 정장, 외투, 코트를 만들 때 분업이 가장 효과적이었다. 사람들은 각자 키우는 양의 양털을 깎아 직물을 짜고 그것으로 의복을 만드는 대신, 영국 땅에 풍부한 양모를 수집해 의류 생산을 전문적으로 하는 사람들에게 맡겼다. 그랬더니 생산량이 엄청나게 증가했을 뿐만 아니라 생산비도 상상을 초월할 정도로 적게 들었다. 작은 지역에서 시작한 이 방법이 성공하자 전국의 모든 지역에서도 앞다퉈 분업 생산 방식을 도입했다. 누구나 힘들게 직접 옷감을 짜서 옷을 짓지 않고도 값싼 옷을 사 입고 싶어 했기 때문이다.

그런데 사회 기반 시설이 없다는 것이 큰 문제였다. 전국에서 판매될 만큼의 대량의 옷을 생산하려면 전국 각지의 양모를 원료로 확보해야 했다. 양모를 가공하여 모직 천으로, 그것을 또 옷으로 만들어 파는 모든 과정을 도보로 혹은 마차로 한다는 것은 불가능했다.

영국 사람들은 이 문제를 해결하려고 전국에 대규모의 운하를 파서 교통망을 구축했다. 자동차와 같은 모터를 이용한 교통수단이 발명되기 전이라, 대규모 화물을 운반할 가장 좋은 방법은 강물을 이용하는 것이었다. 거대한 양의 양모도 배를 이용하면 많은 힘을 들이지 않고 장거리 수송이 가능했다. 애덤 스미스는 이러한 변화가 일어나는 것을 눈앞에서 지켜보았고, 장거리 수송을 통해 양모뿐 아니라 다른 재화도 운반할 수 있다면 어떠한 일이 벌어지게 될지를 이론으로 세울 수 있었다.

애덤 스미스가 살던 시대의 교통수단에 비해 개인의 자유는 뚜렷한 발전을 보이지는 않았다. 다만 변화의 조짐이 나타난 것은 분명했다. 농민들이 자기 마음대로 무엇이든 할 수 있는 것은 아니었지만, 이전과 달리 이동하는 데는 제약을 덜 받았다. 그리고 그것은 섬유 산업의 성장과 밀접한 관련이 있었다.

백작과 공작을 비롯한 귀족들은 양과 양모로 많은 돈을 벌 수 있다는 사실을 깨달았다. 귀족은 자신이 소유한 땅에서 가능한 한 많은 양을 키워 얻은 양모를 상인에게 팔았고, 상인은 양모가 가공을 거쳐 의복으로 생산될 수 있도록 방적 공장과 직물 공장에 양모를 공급했다. 귀족의 소유지에서 살던 사람들은 대부분 자급자족 생활을 해 왔던 농민이었는데, 그들은 이제 양과 양모에 자신의 터전을 넘겨줄 수밖에 없었다. 많은 농민들이 말 그대로 자신의 땅에서 쫓겨나 어딘가 살 곳을 찾아야만 했다. 지주는 더 이상 자기가 거느리고 있는 농민에게 관심이 없었다. 농민이 내는 소작료보다 훨씬 더 많은 수입을 양모를 통해 얻을 수 있었기 때문이다. 이렇게 해서 많은 농민들이 달갑지는 않지만 엉겁결에 자유를 얻게 되었다.

이동의 자유를 얻은 농민은 생계 수단이었던 토지를 잃었고, 이제 자신이 한때 경작했던 땅에서 생산되는 양모로 옷을 만드는 공장의 일자리를 얻는 것으로 만족해야 했다. 이렇게 해서 시장 경제 성립에 두 번째로 중요한 조건인 이동의 자유가 급작스레 확보됐다. 이런 변화를 눈앞에서 관찰한 애덤 스미스가 분업에 의한 경제 체제의 이점을 간파한 것은 결코 우연이 아니었다.

국가가 계획을 세우면
경제는 망한다?

애덤 스미스의 이론에서 특히 주목해야 할 점은 국가와 경제의 관계에
관한 그의 입장이다. 그것은 지금까지도 수많은 논쟁거리를 낳고 있
다. 아리스토텔레스가 처음으로 경제 개념을 세웠던 봉건 사회에는 지
주가 자신의 영토 안에서 경제가 원활하게 돌아가도록 모든 것을 계획
하고 조정했다. 그렇게 하기 위해 그는 특정한 생산물에 세금을 부과
하는 법령을 공표하기도 하고, 특정한 농작물이나 자기 땅을 통과하는
물품에 높은 관세를 매기기도 했다.

애덤 스미스는 그런 행위들이 시대에 뒤떨어진 것이라고 보
았다. "계획을 세우면 망친다!"는 게 애덤 스미스의 주장이다.
그는 핀 만드는 사람의 예를 들어 시장 경제에서는 누구도 미리 계획을
세울 필요가 없다고 말했다. 수요와 공급의 관계가 저절로 가격을 형
성할 뿐만 아니라 누군가가, 특히 국가가 할 수 있는 것보다 훨씬 더 잘
할 수 있기 때문이다. 앞서 나온 이야기의 빵 굽는 사람에게서 보았듯
이 시장은 핀이 너무 많고 빵은 부족할 때, 수요와 공급의 관계를 순식

간에 파악해서 잘못된 관계를 바로잡을 수 있다. 하지만 국가는 얼마나 많은 빵이 필요한지 정확하게 알 수도, 미리 계획을 세울 수도 없다.

애덤 스미스는 여기에서 한 걸음 더 나아간다. 그는 자신의 경제 이론을 밝힌 책《국부론》에서 국가의 개입이 불필요할 뿐만 아니라 시장 경제의 기능을 오히려 저해한다고 주장했다. 완전히 자유로운 시장 경제 체제에서 정말로 재화가 공평하게 분배되는가에 관해서는 여전히 논란이 되고 있다. 이 문제에 대해서는 다음 장에서 충분히 검토해 보기로 하자.

애덤 스미스 ➔ 국가의 개입은 수요와 공급 사이의 자율적인 관계를 해치면서 결과적으로 경제에 악영향을 미친다. 수요와 공급 사이의 균형을 통해 우리에게 필요한 모든 재화가 생산·분배되기 위한 최선의 방법은 국가가 최소한으로 개입하는 것이다.

앞에서 애덤 스미스가 커다란 오해를 받았다고 말한 적이 있는데 그 오해의 내용은 과연 무엇일까? 그는 시장 경제가 모든 개인이 오로지 자기 자신만 생각하고 최대한 자신의 이익만을 추구할 때 가장 잘 돌아갈 수 있다고 주장했다고 여겨진다. 이 점은 그가 비난받는 가장 주요한 이유였다. 그러나 이 비난은 정당하지 않다. 그렇다고 해서 그에 대한 비난이 전적으로 잘못된 것이라고 하기도 어렵다. 왜냐하면 핀 장사의 예시에서 보았듯이 스미스는 모든 사람이 가능한 한 많은 돈을 벌고자 하는 욕망이 시장 경제 성립의 전제 조건이라고 생각했기 때문이다. 두 번째 핀 장사가 핀 가게를 그만두고 빵 가게를 차리려고 생각하는 이유는 결국 자기 이익을 위해서가 아닌가? 애덤 스미스가 모든 개인이 자신의 이익을 추구하는 이기심을 가져야 한다고 강조했다는 것은 사실이다.

그가 받은 오해는 자신의 이익을 추구하는 이기심에 대한 그의 주장에서 그가 생각하는 이기심과 우리가 알고 있는 이기심이 다르다는 것에서 비롯된다. 그의 책을 좀 더 정확하게 읽고, 무엇보다 도덕 철학에 관한 그의 저서를 읽은 사람이라면 그가 말하는 이기심이 우리가 생각하는 이기심과는 완전히 다른 개념이라는 사실을 발견하고 놀랄 것이다. 애덤 스미스가 말하는 이기심이란 '누구나 자기 가족과 친구에게 느끼는 선천적인 호의'를 바탕으로 한다. 모든 개인은 호의를 갖고 있기 때문에 자신의 가족과 친구에게 잘해 주고 싶어 하고, 그래서 가능한 많은 돈을 벌려고 한다는 것이다.

애덤 스미스의 견해에 따르면, 사람들은 이러한 호의를 비단 가족과 친구뿐만 아니라 다른 사람들 모두에게 느낀다. 따라서 국가는 시장에서 일어나는 일에 전혀 개입할 필요가 없다. 사람들이 자기 이익을 위해서 바가지를 씌우거나 속이는 일은 없을 것이기 때문이다. 다른 사람에게 느끼는 호의는 우리 모두가 남에게 해가 되지 않는 범위 안에서 각자 자신의 이익을 추구하도록 할 것이다. 이렇게 볼 때 애덤 스미스의 경제 이론은 완전히 새로운 각도에서 이해할 필요가 있다. 그의 경제 이론의 핵심이 되는 것은 개인의 끝없는 이기심이 아니라 바로 타인에게 느끼는 끝없는 호의인 것이다.

시장 경제 체제 / 계획 경제 체제
시장에서의 자발적인 교환에 의해 경제 문제가 해결되는 경제 체제를 '시장 경제 체제'라 하고, 국가가 각 경제 주체에게 무엇을, 어떻게, 얼마만큼 생산하고 소비할 것인가를 계획하고 명령함으로써 기본적인 경제 문제를 해결하는 경제 체제를 '계획 경제 체제'라 한다.

보이지 않는 손
시장 경제 체제에서는 개인들이 자유로운 교환 활동을 통해 형성되는 시장 가격으로 수요와 공급이 조절되며, 경제의 조화가 이뤄진다. 애덤 스미스는 가격의 이러한 자동 조절 기능을 '보이지 않는 손(invisible hand)'이라 했다.

《도덕 감정론 The Theory of Moral Sentiments》

애덤 스미스가 1759년에 출간한 책으로, 《국부론》은 그의 대표작으로
평가 받지만 스미스 자신은 이 책을 훨씬 더 중요하게 생각했다.
'보이지 않는 손'이라는 개념을 사실상 처음 거론한 것도, 사람들이
각자의 이익에 따라 행동할 때 사회를 분명히 이롭게 한다는 주장을
세우기 위해서였다. 애덤 스미스는 인간이 모두 이기심을 지녔지만,
제3의 입장에서 타인을 평가할 수 있는 공감 능력을 지녔으며, 이것을
도덕적인 행동을 하는 원동력으로 보았다. 인간이 자신만의 이익에
따라 행동해도 사회가 이로워질 수 있다는 주장은 이러한 인간의
도덕성을 전제로 했기에 가능한 논리다.

《국부론 The Wealth of Nations》

애덤 스미스가 1776년에 출간한 책으로 원래 제목은 《모든 국가의 부의
성질 및 원인에 관한 연구 An Inquiry into the Nature and Causes of
the Wealth of Nations》이다. 부의 원천을 밝히고, 국부를 늘리기 위한
구체적인 방법을 제시하기 위해 이 책을 썼다. 그는 국부를 늘리기 위해
생산량을 증대시켜야 하고, 그것의 가장 효과적인 방법은 '분업'이라고
했다. 경제 주체의 모두가 자신의 이익을 위해 경제 활동을 하면, 시장은
자연히 효율적으로 움직일 수 있고, 이렇게 알아서 조절되는 시장의
기능을 그는 '보이지 않는 손'이라고 말한다.

세 번째 질문

자본가는
나쁜
사람일까?

카를 마르크스의 답

44

(이 장에서는 우리 이야기 속의 그레타가 볼일이 있는지 등장하지 않는다. 대신
에 치통을 앓는 피터의 이야기를 통해 자본주의의 부작용에 관해 생각한다. 카
를 마르크스가 지적한 자본주의 경제의 문제는 무엇이었을까?)

카를 마르크스는 애덤 스미스에게 반항적인 쌍둥이 동생
과 같은 존재다. 두 사람 모두 근본적으로는 시장 경제의 탄생에 관해
이야기하고 있다. 다만 차이가 있다면 애덤 스미스의 이야기는 모두
가 만족스러운 삶을 살게 된다는 행복한 결말을 맺고 있는 데 반해, 마
르크스의 이야기는 수많은 희생자를 낸 비극으로 끝난다는 점이다.

카를 마르크스의 이론을 자세히 검토하기 전에 먼저 그가
이론을 수립했던 당시의 역사적인 상황을 살펴볼 필요가 있다. 카를 마르크스
(1818-1883)는 원래 경제학자가 아니라 철학자였고, 애덤 스미스가 활동했
던 시기보다 약 100년 후에 활동한 사람이다. 의류 산업에서 시
작된 분업은 점점 더 널리 퍼져 많은 분야에 도입되었다. 몇 명 안 되는
직공으로 소규모의 작업장 수준에서 운영되었던 방적 공장과 직물 공

장은 이제 수백 명의 노동자를 거느린 대규모 공장으로 바뀌었다. 사람들이 일상생활에서 사용하는 물건들, 예를 들어 구두나 냄비, 가방, 공구 등을 비롯한 수많은 물건이 그것만 전문적으로 만드는 사람에 의해서 생산되었다. 이런 변화는 급속하게 빠른 속도로 진행되었으며 많은 사람이 그 변화를 마치 거대한 폭발처럼 느꼈다.

어떻게 이런 일이 일어난 것일까? 모든 일이 그토록 빨리 진행된 것은 한쪽에서 일어난 일이 다른 쪽에 영향을 미쳐 '연쇄 반응'을 불러일으켰기 때문이다. 시초가 된 것은 섬유 산업의 성장이었다. 의류 생산량을 늘리기 위해서는 좀 더 많은, 더 나은 교통수단이 필요했다. 그리고 증가한 생산량만큼 더 많이 판매하기 위해서는 더 넓은 지역에서 팔아야 했다. 영국의 운하는 이를 감당하기엔 역부족이었고, 그러다가 좀 더 빠르고 편리한 교통수단인 철도가 새로운 가능성으로 떠올랐다. 값비싼 수로 대신에 철도를 이용하면 수많은 화물 차량을 연결해 사용할 수 있었다. 그 덕분에 철도를 통한 대량의 화물 수송이 가능해졌다.

처음에는 의류 공장에서 인간이 직접 기계를 움직이는 수고를 덜기 위해 증기 기관을 사용했다. 그다음에 증기 기관의 거대한 힘을 선로 위의 기차를 끄는 데 사용하기 시작했다. 증기 기관차의 등장은 점차 분업화되어 가는 경제의 견인차 구실을 했다. 바로 이 순간이 앞에서 말한 연쇄 반응이 시작되는 지점이다.

산업 혁명은 경제를 어떻게 바꿨을까?

증기 기관차는 거대하고 강력했지만 많은 연료가 필요했다. 당시에 풍부한 에너지를 가진 연료는 석탄이었으나 그 중 대부분이 땅속 깊이 묻혀 있어서 이용하기가 쉽지 않았다. 그러나 증기 기관의 등장으로 사람들은 땅속을 뚫고 석탄을 캐낼 수 있는 기계를 만들 수 있게 되었다. 한편, 기계와 기관차를 만들기 위해서는 많은 양의 강철이 필요했다. 강철 역시 그전까지는 매우 얻기 어려운 재료였다. 광석에서 철을 얻으려면 많은 열이 필요했기 때문이다. 하지만 석탄을 쓰면 매우 높은 온도까지 가열할 수 있었기 때문에 그 문제 또한 해결할 수 있었다. 석탄과 강철이 확보된 것은 기뻐할 일이었다. 더 많은 선로와 철도가 건설되면서 점점 더 많은 강철이 필요했고, 기관차를 움직일 더 많은 석탄이 필요했기 때문이다. 이는 곧 더 많은 양의 석탄 채굴이 필요하고, 더 많은 채굴 장비가 만들어져야 한다는 것을 뜻했다. 생산된 것이 필요로 하는 장소까지 운반되어야 했기 때문에, 이는 다시 선로와 기관차가 필요한 상황을 가져왔다.

석탄과 강철 그리고 기계에 대한 수요의 증가가 일으킨 변화는 점점 더 빠른 속도로 돌아가는 거대한 바퀴처럼 수십 년 동안 되풀이됐다. 그 변화는 애덤 스미스가 살았던 시기의 영국에서 시작돼 독일과 프랑스, 벨기에, 네덜란드 등을 비롯한 전 유럽 국가로 퍼졌으며 결국 미국으로까지 전파되었다.

우리는 그 변화가 단지 강철과 석탄 관련 산업에만 국한해서 일어났을 것으로 생각해서는 안 된다. 왜냐하면, 새로 세워지는 공장에서 일하게 된 수많은 사람은 이제 온종일 일하느라 자신의 생활에 필요한 물건들을 직접 만들 시간이 없어졌기 때문이다. 구두, 공구, 냄비 그리고 심지어는 문손잡이까지 생활에 필요한 모든 것들을 다른 공장에서 생산해야만 했다. 대부분의 사람이 농업에 종사하고 자급자족 경제를 영위해 왔던 세계는 놀랄 만큼 빠른 속도로 시장 경제가 지배하는 세계로 바뀌었다. 변화된 세계에서는 대부분의 사람이 특화된 직업을 가지고 있었으며 일상생활에서 필요한 것들은 거의 모두가 기계에 의해, 그리고 분업을 통해 생산됐다.

이 변화는 당시에 사람들을 압도했다. 비교적 짧은 시간 안에 많은 수공업 제품들이 기계 공업 제품이 되는 것을 목격한 셈이다. 오늘날 우리는 이 시기에 일어난 일들을 산업 혁명이라고 부른다. '혁명'이라는 용어에는 모든 것이 새롭게 바뀌었다는 의미와 함께 그 변화가 마치 기존 체제의 완전한 붕괴처럼 느껴졌다는 의미도 담겨 있다. 사실 산업 혁명의 이후와 이전을 비교하면, 그 이전에 수백 년 동안은 거의 아무런 변화가 없었다고 해도 과언이 아니었다.

하지만 카를 마르크스는 이런 변화를 매우 부정적으로 평가했다. 그 이유는 무엇이었을까? 애덤 스미스의 견해가 옳은 게 아니었을까? 분업이 확산되면서 새로운 경제 체제에서는 이전의 자급자족 경제와는 비교할 수 없을 정도로 모든 물건의 생산량이 급격히 증가했다. 그 결과, 많은 사람들이 이전보다는 훨씬 더 잘 살게 되었다. 더 이상 하루 종일 일하지 않아도 충분히 돈을 벌 수 있었고, 분업 경제 이전에는 꿈도 꿀 수 없었던 여가를 즐기게 되었다. 그들은 독서를 하거나 스포츠를 즐기고, 산책이나 여행을 하기도 했으며 친구들과 실내악을 연주하기도 했다. 게다가 교통수단의 발달 덕분에 다른 지방에 사는 친구를 방문하기 위해 며칠 동안이나 흔들리는 우편 마차 안에서 고생할 필요도 없어졌다. 이제는 기차를 타고 단 몇 시간 만에 목적지에 도착할 수 있었다. 이런 것들이야말로 '진보'라고 해야 하지 않을까?

이에 대하여 마르크스는 노동자의 관점에서 보면 결코 그렇지 않다고 말했다. 카를 마르크스가 활동했던 시기에 자본주의 경제 체제하에 살고 있는 한 노동자의 일과를 살펴보기로 하자. 그의 이름은 피터이며 기계 공장에서 일하고 있다.

공장에서

피터와 마리아 부부는 아이가 셋이다. 맏이는 10살, 둘째는 7살, 막내는 4살이다.
안타깝게도 이들은 요즘에 하루 세 끼를 먹기도 힘들 정도로 생활 형편이 좋지 않다.
월급날이 되기 전에 돈이 거의 다 떨어졌기 때문이다. 가족은 온종일 배고픔을 참을 수밖에 없다.

아침 5시 20분, 피터는
치통 때문에 잠에서 깼다.

공장은 도보로 한 시간 거리에 있다.
공장으로 걸어가면서 피터는 아픈 이를
어떻게 해야 할지 고민한다. 치과는 너무
비싸서 갈 수가 없다. 그는 치통이 멈추지
않으면 퇴근길에 함석공에게 들러야겠다고
생각한다. 얇은 금속판을 이용해 물건을
만드는 함석공은 돈을 조금만 받고 집게로
아픈 이를 뽑아 줄 수 있을 것이다.

피터는 공장 문이 닫히기 직전에 아슬아슬하게 문을 통과할 수 있었다.
그는 크고 시끄러운 기계로 가득 찬 창고를 향해 걸음을 서둘렀다.

피터는 홈통 모양의 틀 앞에 서 있다. 그가 하는
일은 틀에 부은 액체 상태의 철이 굳으면서
만들어지는 막대기 모양의 물건을, 집게로 집어
수레에 가득 찰 때까지 담는 것이다.

얼굴에는 계속 땀이 줄줄 흘러내린다.
피터가 하는 일은 건강을 해칠 뿐 아니라
사고 발생의 위험도 큰 일이다.

피터의 일은
12시간 동안
계속된다.

두 개의 계급으로 나눠지다

하루가 다 지나간 것은 아니지만 우리는 피터의 나머지 일과를 충분히 짐작할 수 있다. 피터의 삶은 마르크스가 시장 경제가 왜 불행을 초래하는 체제라고 판단했는지 보여 준다. 애덤 스미스가 마르크스와 같은 시기에 살았다면 아마도 달리 생각했을지 모를 일이다. 마르크스의 눈에 들어온 것은 공장 노동자들의 비참한 삶이었기 때문이다. 농업에 종사했던 사람들 가운데 많은 사람은 도시로 이동해 공장 노동자의 삶을 살아갔다. 새로운 산업인 제조업에 종사하게 된 이 노동자 계층은 어쩔 수 없이 비인간적인 환경에서 생활해야 했으며 공장 소유주가 아무리 횡포를 부려도 무방비 상태로 당할 수밖에 없었다.

당시 노동자들의 삶은 오늘날 노동자들의 삶과 매우 달랐다. 현재 서유럽에서 노동자들의 평균 노동 시간은 하루에 약 8시간으로 안전이 보장되는 근로 환경에서 일한다. 병에 걸려 치료를 받는 동안에도 임금이 계속 지급될 뿐 아니라 원칙적으로 안락한 생활을 누릴 수 있을 만큼 돈을 번다.

하지만 마르크스가 살았던 시대의 노동자는 심지어 하루 18
시간을 일해야 했다. 주말에 쉬지도 못했고 따로 휴일이 있는 것도 아
니었으며 의료 보험 혜택도 받지 못했다. 그들이 버는 돈은 너무 적어
서 가족이 먹을 최소한의 식료품을 사기에도 모자랐다. 더 심각한 것
은 식구들이 어떻게든 먹고 살려면 어린아이마저도 공장에 나가 일해
야 한다는 사실이었다. 노동자들의 이런 비참한 처지를 목격한 마르
크스가 얼마나 분노했는지 그가 1867년에 남긴 기록을 읽으면 충분히
짐작이 간다.

"… 9-10세 어린아이들이 새벽 두 시에 벌써 잠자리를 떠나 밤 열 시까지 생
존을 위한 처절한 몸부림을 계속한다. 그 사이 아이들의 사지는 축 늘어지고 몸이 오
그라들며 얼굴은 점차 무표정해져 더는 인간적인 모습을 찾아볼 수 없는 석고상처
럼 변한다. 이 어린아이를 잠시 쳐다보는 것만으로도 정말 소름이 끼친다."

1849년 이후 영국에 살고 있었던 카를 마르크스는 산업화가
가장 많이 진행된 곳에서 이 모든 일이 일어나는 것을 보고 큰 충격을
받았다. 따라서 그가 산업 혁명으로 말미암은 변화에 애덤 스미스와
매우 다른 평가를 한 것은 전혀 놀랄 일이 아니다.

마르크스는 애덤 스미스의 이론을 신봉하는 사람들에게 스
미스의 이론이 완전히 잘못됐다고 말했다. 분업에 기반을 둔 시장 경
제는 모든 사람의 복리가 증진되는 행복한 미래가 아니라 모든 사람을

멸망시키는 끔찍한 미래로 이끌 거라 예상했다. 그것이 바로 마르크스가 말한 자본주의의 출현이다. 자본주의, 이는 대체 무엇일까? 이 질문에 올바른 답을 하려면 자본주의의 발생과 마르크스가 지적한 자본주의의 문제점에 대해 알아야 한다.

애덤 스미스는 의류 산업이 기존의 농촌 경제를 붕괴했다고 평가했는데 마르크스도 그의 의견에 동조했다. 농민들이 경작했던 땅에서 의류 산업을 위한 양모 생산의 비중이 높아졌기 때문이다. 마르크스는 애덤 스미스와는 달리, 대다수 농민들이 생계에 대한 아무런 대책도 없이 경작지에서 무자비하게 쫓겨났다는 사실을 강조했다.

어디로 가야 할지 막막한 상태에서 떠돌던 이농민들은 자신에게 일자리를 제공하는 공장이 있으면 아무리 형편없는 보수의 일자리라도 받아들일 수밖에 없었다. 그런데 땅을 잃은 농민들의 비참한 삶보다 더 심각한 일이 일어났다. 시장 경제의 성립과 함께 인류 역사에 지대한 영향을 미칠 무언가가 탄생했기 때문이다. 인류가 이제까지 겪었던 모든 전쟁을 합친 것보다 더 크게 인류의 역사에 영향을 미치게 될 그 무언가는 바로 자본주의였다.

농사를 짓는 대신 양을 키운다는 것이 그렇게 대단한 변화를 가져온 걸까? 마르크스는 그렇다고 대답한다. 그리고 이 변화, 즉 자본주의의 탄생이 우리의 상상을 초월하는 엄청난 영향력을 발휘한다고 말한다. 그는 심지어 그것을 인류의 타락이라고 부른다.

카를 마르크스 ➜ 이는 땅에서 풀을 뜯는 양 몇 마리에 관한 문제
가 아니다. 인류 역사상 처음으로 땅을 소유함으로써 돈을 벌 수 있
게 되었다는 사실, 그리고 그와 함께 새로운 형태의 탐욕이 생겨
났다는 사실이 문제다.

물론 이전에도 지주들은 자신의 땅을 경작하는 농민이 내는
세금을 받았기 때문에 수입이 없었던 것은 아니었다. 그러나 그 돈은
많지 않았고, 세금을 내는 농민 또한 자급자족 경제 체제 덕분에 대부
분 먹고사는 데 지장은 없었다. 당연히 지주는 농민들보다 훨씬 더 나
은 생활을 영위하고 있었으며 상당수는 호사스러움을 누릴 여유도 있
었다. 하지만 기본적으로 생활하는 데 드는 비용을 제외하면 남는 돈
은 거의 없었다. 왜냐하면, 지주들은 먹고사는 문제를 해결하는 것 외
에도, 예를 들어 외적의 침입으로부터 자신의 땅을 지키는 데 드는 비
용 등 지출할 곳이 많았기 때문이다.

이 모든 상황은 대규모 의복 시장이 형성되면서 양모를 팔
수 있게 된 순간부터 달라졌다. 왜냐하면, 사람들이 자기가 입을 것보
다 더 많은 옷을 만들어 나머지는 팔 수 있게 됐기 때문이다. 농민을 몰
아내고 그 땅에서 양을 키우면, 양모를 팔아 아무리 써도 다 쓰지 못할
만큼의 많은 돈을 벌 수 있었다. 그 돈으로 방직 공장을 세우고, 분업이
라는 생산 방식을 도입해 양모에서 실을 뽑고 옷감을 짜서 의복을 직

접 생산하면, 또 다시 더 많은 돈을 벌 수 있었다. 그렇게 해서 점점 더 많은 돈이 모이게 되는데 이것이 바로 '자본'이다. 사실 자본이란 용어 자체가 축적된 많은 돈을 가리킨다.

무엇이 잘못 되었을까? 애덤 스미스의 주장에 따르면 분업에 의한 생산 방식이 모든 사람에게 더 많은 재화를 공급해서 더 많은 복리를 누리게 해 줄 것이라고 하지 않았는가. 마르크스는 분업이 문제가 아니라 생산 과정의 출발부터 이 세상이 두 개의 집단으로 나뉘어 있다는 데 문제가 있다고 말한다.

첫 번째 집단은 재화의 생산에 필요한 모든 것, 마르크스가 생산 수단이라고 부른 것을 소유한 사람들이었다. 의복 생산의 경우 양을 키울 땅과 공장 그리고 방적과 방직 및 재봉 작업을 맡을 기계 등이 바로 생산 수단이 될 것이다. 두 번째 집단은 노동력 외에는 아무것도 갖고 있지 않았다. 애덤 스미스의 주장을 따르면 사실 문제가 될 것은 전혀 없었다. 노동자는 노동력의 대가로 받은 돈을 가지고 온갖 생필품을 구할 수 있을 것이다. 생산 수단을 갖고 있는 사람들은 그것을 제공하고 노동자는 자신의 노동력을 제공하면 된다. 그러면 다 함께 필요한 재화를 충분히 생산하게 될 것이고 모두의 생활이 윤택해질 것이다.

하지만 마르크스의 견해에 따르면 바로 거기에 문제가 있었다. 생산 수단을 소유한 사람들은 권력을 남용하여 노동자에게 노동의 대가를 전부 다 지급하지 않고, 그 중 일부를 자신의 몫으로 챙긴다는 것이다. 그 결과 노동자들은 아무리 노력해도 생산 수단을 소유할 수 없다. 반면에 공장 소유주는 생산 수단이라는 형태로 모든 자본을 보유하고 있을 뿐 아니라 노동자들이 받아야 할 노동의 대가 중 일부를 차지함으로써 그 자본을 점점 더 불려 나갈 수 있었다. 자본가들이 노동자들로부터 차지한 그 부분을 마르크스는 '잉여 가치(자본가가 노동자에게 지급하는 임금 이상으로 노동자가 생산하는 가치)'라고 불렀다.

　　　마르크스와 마르크스 이론의 신봉자들에게는 이것이 바로 자본주의이다. 자본주의적인 시장 경제 체제는 두 개의 집단으로 구성된다. 하나는 모든 생산 수단, 즉 모든 토지와 공장, 기계 등을 소유한 소수의 자본가 계급이고, 다른 하나는 노동력 외에는 아무것도 갖지 못한 다수의 노동자 계급이다. 마르크스와 같은 입장에서 사태를 바라본다면 애덤 스미스의 이론은 잘못됐다는 평가를 내릴 수밖에 없다. 분업과 시장 경제가 자동으로 모든 사람의 복리를 증진하게 되지는 않을 것이기 때문이다. 오히려 그 반대의 결과가 나타날 것이다. 즉 점점 더 적은 사람들이 더 잘 살게 되는 반면, 점점 더 많은 사람들이 점점 더 가난해질 것이다. 이런 추세가 영원히 지속될까?

자본주의의 미래는 어떻게 될까?

마르크스의 관점에서 바라본 자본주의의 미래는 어떤 모습일까? 마르크스는 역사상 가장 많은 논란을 불러일으킨 경제학자다. 재미있는 것은 자본주의 경제 체제에 대한 그의 분석에는 많은 사람이 수긍하면서도 자본주의의 미래에 관한 그의 전망에 동조하는 사람들은 별로 없다는 사실이다. 마르크스는 자본주의의 미래에 관하여 확고한 신념을 갖고 있었다. 그는 자본주의 경제 체제에서 자본가와 노동자 계급 사이에 격렬한 투쟁이 벌어지는 것은 불가피하며 이 투쟁은 한쪽 계급이 승리할 때에야 비로소 끝날 것이라고 보았다. 그리고 최후의 순간에 승리를 거두는 쪽은 노동자 계급이라고 말했다.

　　마르크스는 노동자가 생존에 필요한 최소한의 생필품밖에 사지 못할 정도의 적은 임금을 받게 되는 것이 자본주의의 종말로 향하는 첫 번째 단계라고 말한다. 그렇게 되면 자본가는 그들의 공장에서 생산한 수많은 재화를 구매해 줄 소비자를 잃게 되기 때문이다. 사람들이 더 이상 장갑이나 원예 용구, 스포츠용 썰매와 조리용 냄비를

58

구매할 능력이 없어지면 자본가는 자본을 통해 더는 이윤을 얻을 수 없게 되거나 이윤율이 하락할 것이다. 이런 상황은 소유 계급이나 무소유 계급 양쪽 모두에게 나쁘지만 그중에서도 특히 무소유 계급에게 치명적이다. 그들은 심한 빈곤 속에서 상황이 나아지리라는 아무런 희망도 없이 겨우 연명해 가야만 하기 때문이다.

자본가들도 상황이 나쁘기는 마찬가지다. 마르크스는 이런 상황이 되면 필연적으로 자본가들 사이에서 치열한 경쟁이 시작되어 잡아먹느냐 먹히느냐의 싸움이 될 것이라고 말한다. 공장 소유주의 입장에서 성장하는 유일한 방법은 경쟁 상대의 공장을 인수하는 것이기 때문이다.

이제 공장을 가진 자본가들 사이에 인수를 둘러싼 투쟁이 본격화되기 시작하는데 여기에 처음부터 분명한 사실이 한 가지 있다. 이 투쟁이 영원히 계속될 수는 없는 노릇이다. 바로 그 사실에서 마르크스는 자본주의를 극복할 수 있는 희망을 보았다. 그의 생각에 따르면 자본주의는 언젠가 저절로 붕괴할 것이다. 자본가들 사이에 투쟁이 일어나 한 공장이 다른 공장들을 인수하면서 공장의 규모는 점차 커지고, 자본가의 수는 점차 감소할 것이기 때문이다. 아주 소수의 공장이 남게 돼도 이 공장들은 여전히 다른 자본가들을 도태시킬 때까지 경쟁을 멈추지 않을 것이다. 그들은 다른 공장을 인수하려 하거나, 아니면 그 공장이 망해서 문을 닫을 수밖에 없도록 사태를 몰아갈 것이다. 결국, 자기 자신을 파괴하는 체제인 셈이다.

카를 마르크스 ➜ 처음에는 모든 도시에 한 개의 구두 공장이 있었지만, 공장들 사이의 경쟁 때문에 조만간 다섯 개의 도시에 하나꼴로 큰 구두 공장이 있게 될 것이다. 그리고 언젠가는 필연적으로 전 지역에 오직 한 개의 거대한 구두 공장만 남을 것이다.

그렇게 되면 어떤 일이 벌어질까? 마르크스는 이 극적인 전개 과정이 결국엔 전혀 극적이지 않은 결말을 맞게 될 것이라고 말한다. 마지막에 믿을 수 없을 만큼 거대한 공장과 자본을 가진 극히 소수의 자본가만 남게 되고, 그들은 그 사이에 엄청나게 불어난 노동자들과 대면하게 된다. 하지만 이 두 계급 사이의 관계는 예전과는 정반대로 흘러갈 것이라고 예상한다. 다수의 노동자 계급은 극소수의 자본가 계급을 제압하여 자본가 계급이 소유한 모든 것을 빼앗고, 그들이 가졌던 권력을 장악할 것이라고 말한다. 마치 과거에 자본가 계급이 농민들에게 행했던 것처럼 말이다.

마르크스는 노동자 계급의 승리 이후 경제 체제가 외형상으로는 변화가 없을 것이라고 주장한다. 여전히 많은 공장과 노동자들 그리고 공장에서 분업으로 생산되는 물건들이 있을 것이다. 그러나 내부적으로 그것은 매우 다른 조직이다. 왜냐하면, 이제는 정부가 경제를 조직하고 관리하기 때문이다. 더는 아무도 착취당하지 않을 것이다. 마르크스는 이런 체제를 '사회주의 경제'라고 부른다. 그는 사회주의 경제에서는 모든 것이 자본주의 경제와 완벽히 다르다고 강조한다. 무엇보다도 계급 투쟁은 더는 존재하지 않는다. 생산 수단은 어느 한 집단에 귀속되는 것이 아니라 사회 전체의 소유가 된다. 공장에서 일하는 노동자들은 얼마나 많은 양을 생산할 것인지, 얼마나 오래 일할 것인지, 이익을 어떻게 분배할 것인지 그리고 어떤 근로 환경에서 일하고 싶은지를 스스로 결정한다. 그리고 생산된 모든 물건은 모든 사람에게 공평하게 분배되어 누구나 분업 경제로 얻는 이득을 누리게 되는 사회가 될 것이다.

사회주의 경제가 도입되면 결코 정상적인 기능을 수행할 수 없는 것이 생기는데 그것은 바로 시장 경제다. 왜 그럴까? 앞에서 예로 들었던 핀 장수와 빵 장수를 기억할 것이다. 시장 경제가 성립하려면 사회 기반 시설 외에 무엇보다도 핀을 팔든 빵을 팔든 혹은 미용사로 일하든 돈을 벌고자 하는 사람들이 필요하다. 그리고 돈을 벌고자 하는 욕구는 사유 재산이 인정될 때만 유지된다. 그런데 사회주의 경제에서는 모든 것이 모두의 소유이기 때문에 개인의 영리 추구는 불가능하다.

사유 재산이 존재하지 않고 아무도 착취당하지 않는 모두가 행복한 사회. 정말 매력적이지 않은가? 참으로 매력적이어서 마르크스 이래로 많은 사람들이 그런 사회가 실현될 것이라고, 혹은 적어도 실현되어야만 한다고 확고하게 믿어 왔다.

특히 20세기에 지구 상의 많은 나라에서 자본주의의 종말이 저절로 도래하기를 기다리는 대신, 계획적으로 앞당김으로써 바람직한 사회를 실현하려는 여러 가지 시도를 했다. 그중에서도 러시아는 마르크스주의자들이 사회주의 혁명을 통해 자본주의 경제 체제를 완전히 철폐함으로써 가장 혁신적인 변화를 꾀한 곳이다. 40년 동안 동독의 경제 또한 사회주의 체제였다.

그러나 안타깝게도 사회주의 경제 체제를 도입했던 나라 가운데 거의 대부분이 결국은 실패했고, 자본주의를 도입해야 했다. 자본주의는 마르크스가 생각했던 것보다 훨씬 더 생명력이 강한 것으로 입증되었다. 과연 마르크스의 예언대로 언젠가는 자본주의 경제가 사라지는 날이 올 것인지는 좀 더 기다려 봐야 할 일이다.

네 번째
질문

자본주의는
착한 경제가
될 수
없을까?

구스타프 폰 슈몰러의 답

우리는 이 장에서 그레타가 무척 좋아하는 사촌 안나와 구스타프 폰 슈몰러라
는 경제학자를 만나게 된다. 우리는 하나의 경제 이론을 전 세계에 보편적으로
적용할 수 있을까? 슈몰러는 이에 대한 의문을 품는다.

이제부터 우리가 만나볼 경제학자는 사실 별로 주목받지
못하고 있지만, 충분히 검토할 만한 가치가 있다. 애덤 스미스나 카를
마르크스는 누구나 알고 있고, 그들의 경제 이론이 매우 중요하다는
사실 또한 알고 있다. 이 두 사람의 이론을 살펴본 것으로 충분할 텐데
우리가 군이 거의 잊혀진 학자의 이론에 관심을 둘 필요가 있을까? 물
론이다. 오늘날 어떤 상황에서 그의 이름이 거론되는지를 알게 되면
그의 이론에 관심이 생길 것이기 때문이다. 슈몰러(1838-1917)는 '신(新)역사학파'
에 속하는 경제학자로 고전파 경제학에 대항하여 역사를 중시하고, 경
제학 속에 윤리학적인 개념을 도입한 이론가로 평가된다. 그
의 이론에 대해 살펴보기 전에 먼저 그레타 이야기로 돌아가 보자.

이상한 사촌

그레타는 종종 시골에 사는 사촌,
안나네 집에서 방학을 보내곤 했다.

그러던 어느 날 안나는 그레타가 사는 도시로 이사를 왔다.

그레타는 무척 기뻐했지만
얼마 지나지 않아 친구들이
안나를 싫어한다는 것을 알게
된다. 안나가 도시 생활에
서툴렀기 때문이다.

지하철을 탈 때

극장에서

여기
비켜 주세요!

좌석표
끊어야 하는 것
모르세요?

그레타는 안나를 돕기 위해 안나가 왜 그런 '이상한' 행동을 하는지를 설명해 준다. 안나가 살던 시골에는 그
모든 것들이 없었고, 안나에겐 도시 생활에 익숙해질 시간이 필요하다고 말한다.

이 이야기는 다행히도 행복하게 끝난다. 그리고 슈몰러의 입장은 안나의 행동을 설명해 주는 그레타의 입장과 크게 다르지 않다. 슈몰러가 한 행동 또한 그레타가 한 행동과 비슷했다.

슈몰러는 우선 경제에도 '이상한 사촌'이 있음을 분명히 한다. 그의 말에 따르면 세상에 있는 사람들이 모두 다 같은 방식으로 경제 행위를 하는 것은 아니라고 한다. 경제가 아닌 다른 부분에서도 사람들의 행위는 서로 다르다는 것이다. 극장에 좌석표가 있는 경우도 있고 그렇지 않은 경우도 있으며 사람들이 이동하는 방식 또한 각기 다르다. 전차를 이용하는가 하면 자가용이나 버스 혹은 지하철을 타기도 하고 자전거를 탈 때도 있다. 심지어는 노새를 타고 이동하기도 한다. 경제생활을 영위하는 방식 역시 이와 마찬가지로 다양하다. 사람들이 어떤 환경에서 성장하는지 그리고 자신들의 삶에서 무엇을 경험하는지가 경제와 관련된 많은 것들에 영향을 미친다.

이러한 관점에 입각하여 슈몰러는 무엇보다도 애덤 스미스가 주장한 '분업을 기반으로 한 시장 경제' 이론에 반대한다. 슈몰러는 경제학자들이 어떻게 전 세계 사람들에게 보편타당하게 적용할 수 있는 경제 이론을 정립할 수 있다고 생각하는지 의문이라고 말한다. 반면, 애덤 스미스는 자기 이론이 보편타당하다고 믿었다. 예를 들어 그의 저서 《국부론》에서 국가는 복수의 형태로 쓰이고 있는데 이는 그가 특정한 국가를 염두에 둔 것이 아니라 모든 국가를 대상으로 자신의 경제 이론을 펼치고 있음을 보여 준다. 슈몰러는 보편타당한 경제 이론을 주장했던 스미스와는 반대로 전 세계 사람들은 그들만의 고유한 역사를 가지고 있고, 다양한 문화적 전통 안에서 성장한다고 보았다. 그렇기 때문에 그들의 경제 행위가 결코 동일한 방식으로 이루어질 수는 없다고 주장한다.

잠시 과거로 돌아가 보면 그가 주장하는 것이 정확하게 무슨 뜻인지 이해할 수 있다. 1225년 중세 수도원의 수도원장을 예로 들어 보자. 13세기에는 아직 필요한 사회 기반 시설이나 개인의 자유가 충분히 확보되지 않았기 때문에 당연히 분업이나 시장 경제는 거의 없었다. 하지만 이 시기라도 애덤 스미스의 주장대로라면 전 시대의 모든 개인에게 공통적인 욕구, 즉 어느 시대에 살든지 누구나 가능한 한 많은 돈을 벌고자 하는 태도는 존재해야 할 것이다.

그러나 슈몰러는 실제로는 그렇지 않다고 말한다. 수도원에 사는 수도사들에게는 그들만의 고유한 경험과 인생사가 있어서 분명 독특한 방식으로 경제를 영위할 거라는 말이다. 수도원장은 봉건 영주와는 관심사가 전혀 다르다. 예를 들면 자신을 포함한 다른 수도사들이 누리는 안락함은 봉건 영주가 추구하는 삶의 목표는 아닐 것이다. 수도원의 규칙은 단순하고 근면한 생활을 요구하기 때문이다. 또한 수도사들의 하루는 봉건 영주 밑에서 일하는 농민과는 다르다. 수도원에서는 예배와 기도에 바치는 시간이 충분히 있어야 한다. 따라서 수도사의 노동 시간은 그들의 능력에 따라 정해지는 것은 아니다.

그렇다면 슈몰러가 생각하는 이상한 사촌은 과연 누구일까? 먼저 수공업자를 예로 들 수 있다. 과거에 수공업자는 대부분 인접한 도시 안에 거주했다. 그들은 자신의 직업을 본인의 의사에 따라 선택한 것이 아니라 아버지로부터 물려받았다. 이는 곧 한 도시에는 늘 일정한 수효만큼의 대장장이와 목수, 그리고 빵 굽는 사람이 있다는 사실을 가리킨다. 그들이 만드는 물건의 가격 역시 정해져 있었다. 이런 조건에서 일하는 수공업자에게는 자기 물건을 빠르고 값싸게 생산하는 것은 중요하지 않았다. 그보다 더 중요한 것은 최고의 기술을 동원하여 가능한 한 완벽한 물건을 만들어 내는 일이었다. 그래야만 같은 물건을 생산하는 다른 수공업자들보다 더 인정받을 수 있었고, 물건도 더 잘 팔 수 있었다. 어쨌든 상품의 가격이 이미 정해져 있고 그 상품을 생산하는 수공업자의 인원도 일정하게 제한되는 한, 최대한 많은 수익을 추구한다는 것은 별로 중요하지 않았다. 성공적인 삶을 위해서는 자기가 사는 도시에서 훌륭한 평판을 유지하는 것이 훨씬 더 중요했다. 모든 사람들이 서로 잘 아는 사이였기 때문이다. 자신의 가족과 자신이 속한 길드(guild : 중세 시대에 수공업자들이 만든 상호 부조적인 동업 조합)의 명예를 위하여 수공업자들은 최상의 물건을 만들려고 노력했다.

하지만 경제 체제가 분업을 위주로 한 시장 경제로 급격하게 변화되면서 수공업자들은 그레타의 사촌 안나와 같은 일을 겪게 되었다. 그들의 경험이 이제 거의 쓸모가 없어졌다는 불안한 현실과 마주해야 했다. 물건을 완벽하게 만드는 일은 더 이상 중요하지 않았다. 최대한 빨리 만들어야만 했다. 자신이 만든 물건을 팔아 윤택한 삶을 누리기 위해서는 이제 훌륭한 평판에 신경 쓸 것이 아니라 최대한 이익을 많이 남겨야 했다. 그들에게 닥친 가장 큰 불행은 그들의 기술이 더 이상 그 가치를 인정받지 못하게 되었다는 사실이었다. 옷장이나 구두는 그것을 만드는 기술이 전혀 없는 수많은 사람들에 의해, 각각의 생산 과정이 분업화된 공장에서 제조되었다. 극소수의 수공업자만이 새로운 환경에 적응하여 살아남았을 뿐, 대부분의 수공업자들은 빈곤 계층으로 전락했다. 그들에게는 가족과 동료들의 생계를 보장할 아무런 대책이 없었다.

이 상황은 우리에게 무엇을 말해 주는가? 슈몰러는 경제 현상을 설명하는 데 보편타당하게 적용될 수 있는 이론은 없다고 말한다. 사회 기반 시설과 개인의 자유는 경제를 설명하는 데 충분하지 않다. 경제 행위를 하는 개인이 어떤 문화적 배경을 가지고 있는지, 어떤 경험을 했는지, 어떤 관습과 전통의 영향을 받았는지 그리고 삶의 가치를 어디에 두는지 등이 모두 고려되어야 한다.

따라서 경제를 설명하려면 보편타당한 규칙을 적용할 것이 아니라 각각의 경제 상황이 나타나게 된 과정을 연구해야 한다. 그래야만 어떻게 그 경제 상황이 도래하였는지를 밝힐 수 있다는 것이 슈몰러의 생각이다.

구스타프 폰 슈몰러는 수공업자들 외에 공장 노동자들의 삶에도 많은 관심을 기울였다. 그러나 그의 관심은 카를 마르크스와는 상당히 달랐다. 무엇보다도 그는 마르크스와는 달리, 기본적으로 시장 경제와 분업에 찬성했다. 하지만 그가 마르크스의 생각에 완전히 동의한 부분이 있었는데 그것은 자본주의 경제 체제에서 살아가는 공장 노동자들의 비참한 삶이었다. 마르크스가 관찰한 것처럼 슈몰러 역시 공장 노동자들이 끔찍한 환경에 살며 그들의 자녀가 교육을 받을 기회도 전혀 얻지 못하고, 가족 전체가 극심한 빈곤에 시달리고 있는 것에 주목했다. 그는 노동자가 수공업자의 경우와 마찬가지로 그들 자신의 잘못 때문에 그런 상황에 놓이게 된 것은 아니며 사회에서 그들을 도울 방법을 찾아야 한다고 주장했다. 자본주의 경제 체제가 나타나게 된 역사적 배경을 살펴보면 노동자들이 어떻게 비참한 처지에 놓이게 되었는지 알 수 있기 때문이다.

사실 독일 공장 노동자들의 삶 역시 근본적으로는 애덤 스미스가 살았던 때의 영국과 비슷했다. 그들 대부분이 원래 농업에 종사하던 사람이었다. 사회 기반 시설이 갖추어지고 시장이 활성화되면서 대지주들은 그들의 토지를 이용하면 농업으로 많은 돈을 벌 수 있다는 사실을 깨달았다. 그러려면 적은 인력으로 식량을 좀 더 효율적으로 생산해야 했고, 그렇게 하려면 이전과는 다른 조직적인 방법이 필요했다. 그 결과 경작법이 개선되었고, 분업화와 기계화가 추진되었다. 이로 인해 농사에 필요한 노동력의 수요는 크게 감소했다. 일자리를 잃게 된 많은 농민들은 다른 직업을 구할 수밖에 없었고, 대부분 도시에 있는 공장 노동자로 전락하고 말았다. 그들은 종종 그들의 비참한 처지를 악용하여 최대한 적은 임금을 지급하려는 무자비한 공장주의 횡포에 놓이게 됐다. 그들이 받는 임금은 굶어 죽는 것을 가까스로 모면할 정도의 극히 적은 액수였다.

이 문제를 해결할 방법이 과연 있을까? 슈몰러는 우리가 이 문제를 해결할 수 있을 뿐만 아니라 반드시 해결해야 한다고 강조한다. 이 점에 관한 한 그는 자본주의가 저절로 붕괴될 때까지 기다리면 된다고 제안했던 마르크스와는 완전히 다른 생각을 가지고 있다. 이렇게 볼 때 슈몰러는 결코 마르크스주의자는 아니었다. 그렇다고 해서 그가 애덤 스미스의 이론을 신봉했다고 말할 수도 없다. 왜냐하면 그는 시장을 지배하는 '보이지 않는 신의 손'에 대한 낭만적인 생각은 멈추어야 할 때라고 주장하기 때문이다. 우리가 직접 나서서 자본주의가 낳은 폐해를 없애야 한다는 것이 그의 확고한 믿음이었다.

구스타프 폰 슈몰러 ➜ 시장 경제와 자본주의는 오직 강력한 국가가 배후에서 사회적 약자를 배려하고 어떤 희생자도 생기지 않도록 보호할 경우에만 유익한 체제이다.

슈몰러는 시장 원리가 저절로 재화와 부가 공평하게 분배되도록 작동하리라 믿는 것은 위험하다고 주장한다. 공평한 분배가 이루어지게끔 우리 스스로 개입해야 한다. 이는 마치 보이지 않는 손이 길거리의 쓰레기를 치울 것이라고 믿는 대신, 우리가 직접 쓰레기 수거 문제를 해결해야 하는 것과 마찬가지다.

　　슈몰러는 많은 성과를 이루었다. 그는 당시에 가장 영향력 있는 경제학자로 꼽혔기에 그의 이론은 독일의 여러 가지 정책에 반영되었다. 노동자 보호법 가운데 지금까지도 중요하다고 평가되는 것들이 슈몰러가 활동했던 시기에 제정됐다는 사실은 결코 우연이 아니다. 그의 업적 덕분에 노동자들은 실제로 최악의 상황은 모면할 수 있었다. 보험 제도가 도입됨으로써 처음으로 노동자가 사고나 질병으로 일할 수 없을 경우 건강을 회복할 때까지 경제적인 도움을 받을 길이 열렸다. 또한, 연금보험 제도가 설립되어 노동자들이 더는 일을 할 수 없는 나이에 도달했을 때, 아무런 수입이 없이 일자리를 떠나야 하는 일은 생기지 않게 되었다.

　　시장 경제 아래 생활하고 있는 사람들이 시장의 법칙에 위배되는 행동을 할 때, 이를 이해하기 위해서도 슈몰러의 관점이 필요하다. 시장의 법칙에 위배되는 행동이란 경제적인 측면에서 보았을 때 지극히 불합리한 결정을 내리는 경우다. 예를 들어 일반 커피보다 비싼데도 공정 무역 커피를 구매하는 행위다. 이는 애덤 스미스의 이론으로는 설명하기가 어렵다. 그 행동을 하는 순간에 행위자는 자기 자신이 경제적 이익을 얻는 쪽을 선택한 것이 아니기 때문이다.

다섯 번째 질문

인간은 어떻게 경제 행위를 하는가?

칼 멩거의 답

(그레타는 크리스마스 선물로 똑같은 휴대 전화를 세 개나 받아 속상하다. 그녀
는 문제를 해결할 방법을 찾는다. 칼 멩거는 그레타와 같은 상황이라면 우리
모두 비슷한 결정을 내렸을 것이라고 주장한다.)

경제 이론의 역사를 살펴보는 우리의 여행은 지금까지 여
러 지역을 넘나들었다. 경제의 역사를 지금의 시점에서 이론적으로
살펴본다면 앞으로 이야기할 내용은 지난 100년 동안에 점차적으로
'신(新)고전학파'의 물결로 흐르는 과정이라 할 수 있다. 지금부터 다룰
칼 멩거는 바로 이 신고전학파에 속하는 대표적인 학자이다.

칼 멩거(1840-1921)는 구스타프 폰 슈몰러와 동시대에 활약한 경
제학자로 슈몰러와는 달리 꾸준히 주목을 받아 왔다. 그는 지난 150년
동안의 경제학사에서 가장 중요한 경제학자 중 한 사람으로 평가되고
있다. 그의 경제 이론을 이해하려면 구스타프 폰 슈몰러의 입장과 비
교해 보는 것이 좋다. 왜냐하면 그의 주장 중 대부분이 슈몰러 이론을
정면으로 공격하고 있기 때문이다.

설명을 단순화하기 위해 그레타와 사촌 이야기로 돌아가 보자. 멩거라면 그 경우에 뭐라고 했을까? 아마도 그는 분명 그럴듯한 이야기이긴하지만 경제의 기능을 밝히는 데는 전혀 도움이 되지 않는다고 말했을 것이다. 멩거는 슈몰러의 주장이 완전히 잘못된 것이라고 하지는 않았다. 인간의 행동 가운데 거의 대부분이 문화와 전통 그리고 관습에 따라 달라진다는 것에 동의했다. 자녀에게 음식물을 조리하는 법이나 식사 예절을 가르치는 것, 결혼식 행사에 이르기까지 서로 조금씩 다르게 행동하는 이유는 바로 그 때문이다.

하지만 멩거는 인간의 경제 행위에 관한 한 그러한 차이는 존재하지 않는다고 주장한다. 어떤 문화에서 성장했던지 혹은 과거에 무엇을 경험했던지와 상관없이 모든 인간은 공통으로 하는 행위가 있다는 것이다. 오스트레일리아에 사는 악어 사냥꾼이나 중국에 사는 우체국 직원이나 우스꽝스러운 장면을 보면 웃음을 터뜨린다는 것은 마찬가지다. 사람들 사이에 존재하는 문화적 차이 못지않게 공통점이 많은 것도 사실이기 때문이다. 칼 멩거는 인간의 경제 행위가 바로 이 공통의 영역에 속한다고 말한다. 인간의 경제 행위에 나타나는 차이는 단지 피상적일 뿐이다. 그에게 훨씬 더 흥미로운 것은 경제적으로 행동하는 한 모든 인간은 거의 유사하게 행동한다는 사실이다. 멩거라면 그레타와 사촌의 이야기보다 다음에 나오는 이야기가 인간의 경제 행위를 이해하기에 더 적합한 예라고 말할 것이다.

갈매기

어부는 무엇을 하고 있는 걸까?
그는 독수리나 매가 날개를 움직이는 것처럼
양팔을 위아래로 흔들고 있다.

어부가 있는 쪽으로 날아가려던 갈매기들은 방향을 바꾼다.
물고기의 살점을 얻을 수 있을까 하는 기대로 다른 고깃배를 향해 날아간다.

멩거의 주장에 따르면 인간의 행동은 이야기에 나오는 갈매기들의 행동과 크게 다르지 않다. 물론 갈매기들이 방향을 바꾸는 방식이 어떻게 다른지에 대해서는 논란의 여지가 있다. 어떤 갈매기는 재빨리 바꾸고, 어떤 갈매기는 천천히, 또 어떤 것은 오른쪽으로 가는가 하면 다른 것은 왼쪽으로 갈 것이다. 하지만 별로 상관없지 않을까? 훨씬 더 중요한 것은 방향을 바꾸었다는 점에서는 그들 모두가 결국 같은 행동을 했다는 사실이다.

갈매기들이 양팔을 위아래로 흔드는 어부를 보고 다른 곳으로 날아가는 행동은 우리에게 무엇을 말해 주는가? 우리는 사람들이 언제 그리고 왜 무언가를 사고, 파는지, 왜 저축하는지, 왜 생산하는지를 설명해 줄 법칙을 발견할 수 있을까? 이에 대하여 멩거는 애덤 스미스와 비슷한 답을 제시한다. 그 역시 스미스와 마찬가지로 사람들이 시장에서 하는 행동은 시장의 법칙에 따른 것이라고 말한다. 스미스의 경우 시장의 법칙은 수요와 공급의 관계였다.

그렇다면, 모든 사람들의 경제 행위를 설명할 수 있다고 주장한 멩거의 이론은 어떤 내용일까? 멩거는 우선 슈몰러의 입장에 반대한다. 그는 사람들의 경제 행위를 이해하기 위해서는 그들 각자의 고유한 경험을 고려할 필요는 전혀 없다고 말한다. 그 대신에 자연 과학적인 방법을 적용할 것을 제안한다. 자연 과학에서는 모든 개별적인 현상들이 어떤 특정한 유형에 속하고, 그것을 지배하는 법칙과 규칙으로 설명될 수 있다. 자연 과학자들이 사용하는 방법은 다음과 같은 절

차를 거친다. 먼저 그들은 특정한 하나의 상황만을 관찰하는 것이 아
니라 수많은 비슷한 상황들을 관찰한다.

　　　예를 들어, 갈릴레이는 진자의 움직임에 관한 법칙을 발견하
기 위해 최초의 가설을 세울 때까지 계속해서 진자를 관찰했다. 그는
진자의 움직임을 설명할 이론을 하나 세운 다음, 그것이 맞는지 검증
하기 위해 또다시 수많은 관찰을 했다. 멩거는 경제학자도 이러한 방
식으로 자신의 이론을 정립해야 한다고 강조한다.

　　　경제학자는 다양한 경제 상황들의 배후에 공통적으로 작용
하는 규칙을 찾아낼 때까지 그 상황들을 충분히 관찰해야 한다. 그리
고 자신이 찾아낸 규칙을 바탕으로 하나의 이론을 세운 다음, 많은 비
슷한 상황에 적용하여 그것이 맞는지 검토한다. 계속된 검증 결과 그
이론이 맞는 것으로 증명될 경우 모든 상황들을 설명할 수 있는 일종
의 법칙을 수립한다. 그렇게 정립된 경제학 이론은 개별적인 상황들에
대한 슈몰러식의 묘사보다 인간의 경제 행위를 설명하는 데 훨씬 더
효과적이다. 왜냐하면 단 한 가지 법칙으로 수많은 비슷한 상황들을
설명할 수 있기 때문이다.

　　　멩거가 생각한 인간의 경제 행위를 설명하는 법칙은 '한계
효용'이라는 개념이다. 이는 멩거의 경제 이론에서 핵심을 이룬다. 이
를 설명하기 위해 아주 일상적인 하루에 내가 하는 경제 행위를 예로
들어 보겠다. 아침에 버스 승차권을 사고 점심때는 구내식당에 가서

점심을 먹는다. 그리고 귀가 길에는 중고 서점에 들러 추리 소설을 한 권 산다고 치자. 이 모든 것은 나의 개인적인 과거를 알아야만 설명할 수 있는 선택이 아닐까? 왜 추리 소설을 좋아하는지, 왜 간단하게 점심만 먹고 디저트는 먹지 않는지, 그리고 왜 택시가 아니라 버스를 타고 출근하는지.

멩거는 이 모든 선택이 그의 한계 효용 이론으로 설명될 수 있다고 주장한다. 한계 효용 이론은 모든 인간에게 기본적인 욕구가 있음을 전제로 한다. 이 기본적인 욕구를 충족시키기 위하여 우리는 경제적인 행위를 하는 것이다. 이는 우리가 첫 번째 장에서 경제 개념을 정의했던 것과 일치한다는 점에서 충분히 수긍할 만하다. 경제는 사람들이 생활에 필요한 유한한 재화를 생산하거나 분배하는 것이다. 음식에 대한 욕구가 있으면 우리는 적당한 가게를 찾아가 먹을 것을 산다. 그리고 독서에 대한 욕구가 생기면 추리 소설을 산다.

경제 행위가 인간의 기본적인 욕구를 충족시키기 위한 것이라는 인식은 경제를 이해하는 데 도움을 줄까? 멩거는 그렇다고 말한다. 그의 이론에 따르면 바로 이 기본적인 욕구가 모든 경제 행위를 좌우하기 때문이다.

내가 추리 소설을 즐겨 읽는 것은 아마도 항상 긴장감 넘치는 이야기를 좋아하기 때문이다. 반면에 내 동생은 도무지 독서에는 취미가 없어서 신문도 안 읽는다. 그리고 내가 디저트를 싫어하는 것은 어렸을 때 할머니 댁에서 식사할 때면 배가 불러도 디저트를 먹어

야 했기 때문에 질려서 그런 것 같다. 믿기 힘들겠지만 지금도 디저트
는 질색이다. 물론 할머니 댁에서 먹어 본 적이 없는 몇 가지 종류는 예
외이지만…….. 자가용을 타고 출근하는 대신 버스를 타는 것은 고모
가 언젠가 내게 도시에서는 버스가 가장 안전한 교통수단이라고 말했
기 때문이다. 정말 그런지는 지금까지도 알 수 없으나 이제는 버스를
타는 것이 습관이 되었다. 멩거가 나에 대해서 무슨 수로 이 모든 것을
알 수 있겠는가?

교과서 속 경제 개념

합리적 선택

어떠한 경제 행위가 합리적 선택인지를
판단하려면 선택에 따른 비용과 편익을
따져 보는 것이 필요하다. 이때 지불하는
비용보다 더 큰 편익을 얻을 수 있다면
경제학적으로 합리적 선택이라고 할 수
있다.

비용과 편익

'비용'은 어떤 일을 하는 데 들어가는 시간,
돈, 노력 등의 자원을 뜻하고, '편익'은
어떤 선택을 했을 때 얻게 되는 만족이나
이득을 말한다.

크리스마스

해마다 번번이...

이런 일이 생기다니 말도 안 돼......!

휴대 전화네!

또 휴대
전화야!

벌써
세 개째
잖아!

다음날 그레타는 우울한 기분으로 제일 친한
친구 두 명을 만나러 갔다. 그런데 알고 보니
친구들에게도 똑같은 일이 일어났다. 파울라는
크리스마스 선물로 좋아하는 그룹의 CD를 세
개나 받았고, 요한나는 같은 극장표를 석 장이나
받았다. 다들 속상해 어쩔 줄을 몰랐다.

결국 세 사람은 똑같은 생각을 하게 된다. 그레타는
파울라와 요한나에게 휴대 전화를 한 개씩 건넸고,
요한나는 친구들에게 극장표를 한 장씩 주었으며,
파울라는 CD 두 장을 친구들에게 나누어 주었다.
그 결과 세 사람 모두가 만족하게 됐다.

인간의 욕망에는 한계가 있다

칼 멩거는 경제가 작용하는 원리도 이와 같다고 말한다. 욕구가 모든 것을 좌우한다. 그렇다면 이 이야기에서는 도대체 무슨 일이 일어난 것일까? 파울라는 같은 CD를 세 개나 갖고 있었다. 그것으로 그녀는 어떤 욕구를 충족할 수 있을까? 세 개의 CD가 충족시킬 수 있는 욕구는 각기 다르다. 첫 번째 CD로 얻는 만족감은 무척 크다. 드디어 원하는 노래를 들을 수 있게 되었기 때문이다. 파울라는 두 번째 CD를 첫 번째 CD가 망가질 경우에 대비하여 서랍에 넣어둘 수 있을 것이다. 첫 번째 CD가 주는 만족감만큼 크지는 않겠지만 두 번째 CD를 갖고 있는 것도 나쁘지 않다. 첫 번째 것이 긁힌다거나 해도 좋아하는 노래를 들을 수 있을 테니까. 하지만 세 번째 CD는 파울라에겐 그야말로 무용지물이다.

여기서 우리는 파울라의 욕구를 충족시키는 데 CD가 갖는 가치는 CD의 개수가 많아질수록 급속하게 떨어진다는 사실을 알 수 있다. 이는 그레타와 요한나도 마찬가지다. 크리스마스 다음 날 세 사람이 만났을 때 파울라는 친구들이 가진 극장표와 무선 전화기가 자신의 두 번째와 세 번째 CD보다는 훨씬 더 매력적이라는 사실을 발견했다. 세 사람의 선물 교환 행위를 경제 행위로 간주할 때 멩거의 이론은 옳다. 경제 행위가 어떻게 이루어질 것인가를 결정하는 것은 처음부터 욕구였다. 그레타와 친구들은 자기가 가진 물건의 가치, 즉 그것을 소유함으로써 얻을 수 있는 만족감의 정도를 저울질해 본다. 동일한 물건을 여러 개 가지게 된 경우, 물건의 가치는 마지막 제품, 파울라의 경우를 예로 들자면 세 번째 CD가 줄 수 있는 만족감의 크기라 할 수 있다. 멩거는 이 마지막 제품을 제품들의 한계라고 보아 그것이 갖는 가치에 '한계 효용'이라는 이름을 붙였다. 이제 우리는 멩거가 말한 경제 이론의 핵심에 이르렀다.

칼 멩거 ➜ 인간의 경제 행위는 여러 가지 중요한 욕구들을 그 중요도에 따라 차례대로 만족시키고자 하는 행위로 이해할 수 있다. 첫 번째는 가장 중요한 의식주 문제의 해결이며, 두 번째는 편리함과 안락함의 추구이다. 마지막은 사치품에 대한 욕구이다.

멩거의 주장이 정말로 맞을까? 그의 주장이 옳다고 가정해 보자. 우리는 우선 먹을 것과 마실 것 그리고 비바람과 추위로부터 우리를 보호해 줄 거처를 필요로 한다. 그것을 충족시키고도 남을 만큼 돈이 많다면 좋은 음식과 좋은 집을 원할 것이다. 그리고 그 후에도 금전적으로 여유가 있다면 결국 핸들이 금으로 된 고급 승용차를 가지려하고, 집을 한 채 더 사고 싶어 할 것이다. 동서고금을 막론하고 항상 그래왔다고 말할 수 있다. 이를 다시 한 번 정리해 보도록 하자. 멩거는 모든 인간이 많은 부분, 예를 들어 음악에 대한 기호나 유머 감각 혹은 그가 얼마나 믿을 만한 사람인가 하는 정도에서 다른 사람과 차이가 난다고 말한다. 하지만 경제적으로 어떻게 행동하느냐에 있어서는 모든 인간이 똑같다. 이런 관점에서 경제학자들은 멩거 이래로 '경제적 존재로서의 인간'이라는 뜻을 가진 '호모 이코노미쿠스(Homo economicus)'라는 용어를 사용한다.

　　이제 첫 번째 장에 나왔던 자전거 여행 이야기로 잠깐 돌아가 보자. 그들의 모험을 통해 우리는 경제가 근본적으로 생활에 필요한 유한한 재화를 확보하는 것에 있음을 알았다. 멩거의 한계 효용 이론을 적용해 보면 그들이 자급자족의 생존을 위해 취했던 행동들이 어떤 순서를 밟았을지 예상할 수 있다. 왜냐하면, 그들도 가장 급한 것부터 해결했을 것이기 때문이다. 먹을 것, 마실 것, 추위를 막아 줄 땔감, 잠잘 곳, 안락함 그리고 아마도 마지막으로 무언가 사치라 할 만한 것이 바로 그들이 취했을 행동의 순서이다.
　　훨씬 흥미로운 것은 애덤 스미스가 내세운 시장의 법칙 이론에 멩거의 한계 효용 이론을 적용할 수 있다는 점이다. 스미스는 시장이 일정한 법칙에 따라 움직이며 보이지 않는 손의 신기한 작용을 통해 재화가 시장 경제에 참여한 모든 사람에게 가장 적절한 방식으로 분배된다고 주장했다. 그러나 그는 이 보이지 않는 손이 어떻게 작용하는지에 대하여 충분히 설명할 수 없었다. 칼 멩거는 이 문제에 대해 스미스보다 훨씬 더 만족스러운 대답을 제시한다. 멩거는 시장이 제 기능을 발휘한다는 사실뿐만 아니라 어떻게 그 기능을 발휘하는지도 설명한다. 그는 우리를 시장으로 안내하여 그곳에 있는 재화들이 얼마나 빨리 최적의 방식으로 분배되는지 보여 준다. 모든 것은 우리가 그레타와 친구들이 크리스마스 선물을 교환한 이야기와 같은 방식으로 일어난다. 시장에 오는 사람들은 무언가 팔 것을 가져올 뿐만 아니라 자신이 필요로 하는 재화에 대한 욕구도 가지고 온다. 그들은 자기 소유 가운데 자기의 욕구 충족에 불필요한 것을 자신에게 만족감을 줄 다른 것과 교환한다. 빵 굽는 사람이 빵 200개를 가지고 시장에 온다. 그 중 두 개는 자기 배를 채우는 데 필요하지만, 나머지는 필요가 없다. 그래서 그는 그 나머지 빵을 자기에게 꼭 필요한 다른 것들, 포도주나 신발 혹은 모자와 교환한다. 머리 자르는 기술을 가진 사람이 있다고 치자. 그 기술은 그의 기본적인 욕구를 충족시키는 데 아무런 쓸모가 없다.

하지만 시장에서 그는 그 기술을 이용하여 돈을 벌 수 있고 그 돈을 교환 수단으로 하여 자기가 긴급하게 필요로 하는 물건들을 구할 수 있다. 마찬가지로 그에게 찾아온 사람은 필요한 것들에 대한 욕구가 충분히 충족된 후에 아마도 머리를 잘라야겠다는 생각이 든 사람일 것이다. 그는 자신이 갖고자 하는 것들을 이미 소유한 상태라 이제는 필요가 없는 돈을 들고 시장에 나와 미용사의 기술과 교환하는 것이다. 멩거의 이론은 실제로 우리에게 경제, 그중에서도 특히 시장 경제가 어떤 방식으로 움직이는지 상당히 정확하게 설명해 줄 수 있다. 그는 생산된 재화들이 다양한 욕구에 따라 분배되는 데 있어 자유 시장 경제가 최선의 방식임을 보여 준다. 누구도 시장 자체만큼 훌륭한 계획을 세울 수는 없을 것이다!

하지만 여기서 우리는 애덤 스미스에게 던졌던 것과 똑같은 질문을 해야 한다. 그런 자유로운 시장 경제 체제에서 모든 사람이 다 같이 잘살게 되는 것이 과연 가능한가? 이 질문에는 멩거 또한 만족할 만한 대답을 제시하지 못한다. 애덤 스미스와 멩거 두 사람 모두 다소 차이는 있지만 시장의 기능이 유한한 재화를 최선의 방식으로 분배하는 데 무척 효과적이라는 사실을 입증하는 데 성공했다. 하지만 그것이 과연 시장 경제에 참여하는 모든 사람에게 해당하는지는 여전히 의문으로 남아 있다.

한계 효용

일정한 종류의 재화가 잇따라 소비될
때 최후의 재화로부터 얻어지는 심리적
만족도를 말한다. 욕망의 정도에
정비례하고, 재화의 존재량에 반비례한다.

시장 가격

가격은 시장의 상품 거래 과정에서
소비자와 생산자에게 희소한 자원을
효율적으로 배분한다. 수요 측면에서는
소비자가 제시된 가격에 사면 충분히
만족감을 느낀다고 생각했을 때, 구매
행위가 발생한다. 공급 측면에서는
공급자가 제시한 시장 가격을 받아도 일정
정도의 이윤을 남길 수 있다고 생각했을
때, 판매 행위가 발생한다.

여섯 번째
질문

시장 경제와
계획 경제,
무엇을
택할까?

루트비히 에르하르트의 답

(그레타와 그녀의 사촌은 수학 과외 수업을 받지만 과외를 받은 후에도 아무것
도 이해하지 못한다. 낙담할 필요는 없다. 시장 경제와 계획 경제 중 양자택일
이 어렵다면 새로운 방법을 찾으면 된다. '사회적 시장 경제'가 그것이다.)

'사회적 시장 경제'가 무엇인지 아는가? 모른다고? 상관없
다. 사실 그것은 누구나 한 번쯤 들어보기는 했지만 정확히 무엇인지
알고 있는 사람은 거의 없는 그런 이상한 것들 중 하나니까. 이 장에서
는 사회적 시장 경제 개념을 다룰 생각이다. 그러기 위해서 먼저 밝혀
야 할 것이 있다. 제2차 세계 대전이 끝난 후 독일에서는 새로운 경제
체제를 도입했는데 오늘날까지 유지되고 있는 그 체제가 바로 '사회적
시장 경제'이다. 그것은 독일이 전쟁 직후 어떤 길로 가야 할지 극심한
혼란에 빠졌을 때 택한 제도이다. 굳이 비유하자면 숲 속에서 길을 잃
은 사람이 헤매다가 양 갈래 길에 이른다. 처음에는 오른쪽 길을 택하
는데 막다른 길임을 알게 된다. 그래서 다시 돌아와 이번에는 왼쪽 길
로 가 보지만 역시 마찬가지다. 전쟁이 끝난 1945년 독일에서 과연 어

느 것이 바람직한 경제 체제인지 고민할 때 사람들의 마음이 마치 숲 속에서 길을 잃은 사람 같았다.

경제 체제의 선택에서 양갈래 길이 의미하는 바가 무엇인지 이해하려면 먼저 1945년 독일이 직면한 힘든 상황이 어떤 것이었는지 분명히 알아야 한다. 1945년 제2차 세계 대전이 끝난 시점을 역사학자들은 '제로 시점'이라고 명명한다. 이 명칭은 전 세계를 상대로 전쟁을 일으킨 독일이 연합군에 패배하여 독일 전체의 움직임이 제로가 된 상황, 다시 말해 일시에 정지 상태가 된 것을 잘 나타내고 있다. 경제적인 측면에서 바라보면 제로 시점은 경제가 화폐 경제 이전으로 되돌아간 것을 의미한다. 수많은 공장과 금융 시장을 거느린 복잡하고 세련된 자본주의 경제 체제가 사라졌다. 사람들은 갑자기 수천 년 전처럼 물물 교환을 통해 재화를 직접 주고받았다.

사람들은 자신의 정원이나 도시의 공원에서 야채를 재배했고, 베를린 중심가의 거리에는 젖소가 풀을 뜯어먹고 있었다. 어쩌다가 사태가 이 지경에까지 이르렀을까? 전쟁 중에 많은 것들이 파괴되었고, 공장 시설과 도로가 망가져 정상적으로 움직일 수 없었다. 오늘날 우리는 그것이 독일 경제를 마비시킨 원인의 전부는 아니라는 것을 알고 있다. 전쟁이 낳은 파괴가 매우 심하기는 했지만 공장 대부분과 사회 기반 시설이 아직은 쓸모가 있었다. 진짜 문제는 다른 데 있었다. 실업과 빈곤이 심각한 수준인데도 불구하고, 사람들은 더 이상 공장에서 일하려 하지 않았다. 물건을 생산할 수 없는 것이 아니라 사람들이 더 이상

공장에서 일할 생각을 하지 않는다는 것이 문제였다. 그리고 그것은
무엇보다도 다음 두 가지의 원인 때문이었다. 첫 번째는 화폐가 더 이상 아무
런 가치도 갖지 못하게 되었다는 것이고, 두 번째는 생필품 시장이 사라
졌다는 사실이었다.

이 상황은 처음에는 이해하기 어려웠다. 하지만 앞에서 애
덤 스미스와 시장 경제의 발생을 설명할 때 언급했던 각각의 요인들
사이의 관계를 돌이켜 보면 조금 더 이해가 잘 될 것이다. 시장 경제가
성립하기 위한 가장 중요한 조건 중의 하나는 바로 화폐의 사용이었
다. 핀 장수를 기억해 보자. 핀을 팔아서 번 돈으로 생활에 필요한 모든
것을 살 수 있다는 사실을 알아야만 그는 하루 종일 핀을 만들 것이다.
그리고 시장 경제가 제 기능을 발휘하려면 수요에 의해 가격이 결정
되어야 한다. 그래야만 물건이 가능한 한 낮은 가격에서 생산된다.

이것은 핀 장수의 예를 통해 알 수 있다. 핀을 제 가격에 팔지
못하게 되자 핀 장수는 핀의 공급량이 너무 많다는 것을 알아차렸다.
그래서 그는 핀 장사를 그만두고 공급보다 수요가 많은 빵을 생산하
기로 했다. 덕분에 핀 가격은 다시 올라간다. 이제 1945년 독일에서 발
생한 문제가 무엇인지 이해했는가. 무엇보다 화폐가 교환수단으로서의 역
할, 즉 수요와 공급 사이의 관계를 통해 가격을 조정하는 기능을 제대로
수행하지 못하게 된 것이 가장 큰 문제였다.

화폐가 있기는 했지만 거의 아무런 실질적인 가치를 지니지
못했다. 독일은 실제 소유한 것보다 훨씬 더 많은 돈을 전쟁 자금으로

조달하기 위해 화폐를 대량으로 찍어 냈기 때문이다. 화폐도 재화와 마찬가지다. 너무 많으면 가치가 떨어진다. 전쟁이 끝날 무렵 화폐 가치는 엄청나게 하락해서 돈을 벌기 위해 일한다는 것은 쓸데없는 짓이었다. 급료를 받아도 그 돈으로 살 수 있는 것은 어차피 얼마 되지 않았기 때문이다.

이제 왜 그 당시 사람들이 공장에서 다시 일할 생각이 없었는지 알 수 있다. 집에 머물면서 어떻게든 자급자족 생활을 꾸려가는 것이 더 나았다. 게다가 전쟁 중에는 식량과 의복, 석탄을 비롯한 모든 생필품이 부족했다. 많은 국민이 궁핍으로 비참한 처지에 이르고 결국 굶어 죽는 것을 막기 위해 국가가 가격을 결정했다. 앞에서 예로 든 이야기를 통해 우리는 그런 상황이 어떤 결과를 초래하는지 알고 있다. 가격이 미리 정해져 있다는 것은 곧 수요와 공급에 따라 정해지는 것이 아니라는 뜻이다. 그런데 수요와 공급이 없으면 시장이 존재할 수 없다. 그리고 시장이 존재하지 않으면 무언가를 생산하려는 사람도 없어진다. 물건을 만들어도 그것을 팔아서 돈을 벌 장소가 없기 때문이다.

상황은 무척 심각했다. 아무도 곤경에서 벗어날 방법을 알지 못했다. 아무런 가치도 없는 화폐 때문에 아무도 일하러 가려고 하지 않았고, 무언가를 생산하려 하지도 않았다. 생산되는 것이 없으니 살 수 있는 것도 거의 없었다. 살 수 있는 것이 거의 없으니 정부가 가격을 결정하는 일도 중단할 수 없었다. 국민이 최소한 굶어 죽거나 얼어 죽는 사태만은 막아야 했기 때문이다.

어떻게 해야 했을까? 다시 시장 경제 체제로 돌아가야 할까? 아니면 국가에서 가격을 강제로 유지하는 계획 경제 체제를 고수할 것인가? 전쟁이 발발하기 전에 25년 동안 사람들은 무슨 일을 경험하였는가? 그리고 경제적인 측면에서 볼 때 어떤 방법이 바람직한가?

그레타와 그녀의 사촌이 다니고 있는 학교로 가 보자. 모든 학생들에겐 특별히 잘 하는 과목이 있다. 그레타는 역사를 특히 잘 한다. 그녀는 항상 과거에 흥미가 있었기 때문에 예전에 일어난 일들 사이의 관계를 영어 단어보다 훨씬 더 잘 기억할 수 있다. 반면에 수학 시간엔 종종 수업 내용을 이해하지 못한다.

교과서 속 경제 개념

인플레이션 / 디플레이션

물가가 오르면 화폐의 가치가 하락하여 가계의 소득이 감소한다. 반면, 물가가 심하게 떨어지는 상황이 오래 지속되면 기업의 생산이 줄어들어 실업자가 늘어난다. 물가가 지속적으로 상승하는 현상을 '인플레이션(inflation)'이라 하고, 반대로 물가가 지속적으로 하락하는 현상을 '디플레이션(deflation)'이라 한다.

모든 학생에게 과외 수업이 필요하다! 그레타의 학교에서는 새로운 제도를 시험해 보기로 했다. 선생님들은 각 과목에서 공부를 잘하는 학생이 그 과목을 못하는 학생에게 과외 수업을 해 주도록 시켰다.

실험은 중단되었을까? 아니다. 선생님들은 새로운 방법을 시도해 보기로 했다.

어떤 과목에 과외 수업이 필요한지, 누구에게 그 수업을 받고 싶은지 선생님들이 정해 주는 대신 학생들이 직접 결정하기로 했다. 그리고 과외 수업을 해 주는 학생은 그 대가로 극장표를 받기로 했다.

학생들이 직접 결정하게 놔둔다는 것이 선생님들에게는 무척 어려운 일이었지만 교사 회의에서는 다른 방법이 없다는 결론을 내렸다. 이제 결정된 대로 실행하는 일만 남았다. 학생들은 각자 자기가 들을 과외 수업을 선택했다. 그 결과는…?

2주 후

성적은 눈에 띄게 좋아졌다!!

그로부터 2개월 후...

성적이 예전보다 오히려 나빠졌다.

교장 선생님은 어찌 된 영문인지 의아했다.

그는 원인을 밝히기로 했다.

그리고 슈퍼마켓에서 우연히 자기 학교 학생 니나를 만난다.

교장 선생님은 왜 과외 수업을 해 주는 학생의 수가 적은지 묻는다. 모든 과목에 정확히 한 명씩 배정되어 있는데 말이다. 학생들끼리 서로 짰기 때문이라고 니나가 대답했다. 과외 선생으로 인기가 좋은 학생은 다른 학생들을 깎아내리고 자기네끼리 과외 수업을 차지했다. 막스는 역사 과외 선생으로 잉고만 추천하고, 잉고는 수학 과외 선생으로 막스만 추천하는 방식으로 말이다.

"막스야 축하한다. 극장표를 열 개나 받게 되었구나!"

"우리는 역시 과외 선생으로 최고야! 우리 계획대로 되었는걸."

막스는 오늘 과외 수업을 하지 않는다.

니나가 말했다. "과외 수업을 해 주는 학생들이 성의가 없어졌어요. 경쟁자가 사라졌거든요."

20년대의 황금기, 그리고 대공황

그레타의 학교 이야기는 1945년의 독일 경제와 별 관련이 없는 것처럼 보이지만, 당시 독일인들이 처한 상황을 이해하는 데 도움이 된다. 사람들은 이 이야기에 나오는 선생님과 마찬가지로 어찌할 줄을 몰랐다. 경제 체제에 관한 한 기존하는 두 가지 방법을 다 써 보았지만 어느 것도 성공하지 못했기 때문이다. 자유 시장 경제도 계획 경제도 실패였다. 이미 붕괴한 자유 시장 경제로 되돌아가는 데 찬성하는 사람은 없었다. 전쟁 이전에 충분히 겪어 본 그 체제는 끔찍했기 때문이다. 그때 일어난 일은 그레타의 학교에서 일어난 일과 비슷했다. 제1차 세계 대전 직후 화폐 가치의 폭락으로 인해 심각한 위기를 겪고 있던 독일은 경제 부흥을 위해 시장 경제 체제를 도입했다. 1919년부터 1923년까지는 새로운 체제가 정착하는 데 어려움이 있었지만, 그 기간이 지나고 나자 실제로 모든 사람이 꿈꿔 왔던 번영이 찾아온 듯했다. 애덤 스미스가 묘사한 대로 갑자기 모든 재화의 생산량은 점차 늘어났고 가격은 점차 낮아졌다. 분업은 눈부시게 빠른 속도로 확산됐고, 점점 더 많은 사람들이 우후죽순처럼 솟아난 수많은 공장에서 일하게 되었다. 나아진 경제 사정 덕분에 온 나라의 분위기는 좋아졌고, 사람들은 시장 경제가 탁월한 선택이었다고 확신했다. 처참했던 전쟁에 대한 기억은 서서히 희미해졌으며 상점의 진열장은 근사하고 실용적인 상품들로 가득 찼다. 1920년대 중반이던 이 시기는 오늘날까지 '20년대의 황금기'로 불린다. 스미스의 이론은 정말로 맞는 것 같았다. 시장이 자율적으로 움직이도록 허용할 때, 시장은 생산 수단과 능력이 수요와 공급의 법칙에 따라 분배되도록 작동하여 모든 사람들에게 보다 더 나은 삶을 제공했다.

　　하지만 그레타의 학교에서 일어난 일로 미루어 우리는 이후에 벌어질 사태를 짐작할 수 있다. 20년대 황금기의 화려한 성장은 겉모습에 지나지 않았다. 불과 몇 년 후인 1920년대 후반에 들어서자 대부분의 사람들이 시장 경제 체제하의 삶에 더 이상 만족하지 않았다. 도대체 무슨 일이 일어난 것일까?

　　과외 수업 이야기에서 일어났던 일과 마찬가지로, 시장 경제에서의 담합과 독점은 공정한 경쟁을 저해했다. 시장 경제는 더 이상 진정한 의미의 시장 경제가 아니게 되었다. 시장의 대부분을 차지하고 있던 대기업들은 시장 경제가 아무런 제재도 받지 않는다는 사실을 악용하여 제휴를 추진하거나 가격을 담합하기 시작했다. 이것은 임금에 영향을 미쳤다. 공장 노동자들에게 지급되는 임금 문제에서도 공장주들 사이에 담합이 행해졌기 때문이다.

그들은 자신들의 공장에서 일하는 노동자들에게 최저 임금을 지급하였다. 그것은 노동자들의 노동이 가지는 시장 가치에 훨씬 못 미치는 금액이었다. 이러한 상황은 전체 국민 중의 상당수가 경제 성장의 혜택을 전혀 받지 못하는 결과를 낳았다. 이 상황이 불러일으킨 또 다른 문제는 중소기업의 몰락이었다. 대기업이 담합과 독점을 통해 중소기업이 저렴한 가격으로 원자재를 공급받을 수 없게 하는 등의 횡포를 저질렀기 때문이다. 중소기업은 시장의 법칙에 따라 자연스럽게 도태된 것이 아니라, 대기업이 담합과 독점을 통해 시장의 법칙을 무력하게 만들었기 때문에 시장에서 밀려나고 말았다.

시장 경제의 혜택을 보는 사람은 소수에 불과했으며 대다수의 생활 여건은 점차 악화되었다. 1920년대가 거의 끝나갈 무렵 상황은 최악에 이르렀다. 1929년부터 몇 년간 전 세계는 극심한 경제 위기를 겪게 되는데 이 위기에 관해서는 다음 장에서 다루기로 하겠다. 결과적으로 자유 시장 경제 체제를 도입한 경제 정책은 실패로 끝났다. 모든 사람의 복리를 증진시키는 대신에 많은 사람들에게 부당함과 빈곤을 맛보게 했을 뿐이었다.

이런 이유에서 대부분의 사람들은 나치 정권이 새로운 경제 정책을 실시했을 때 반대하지 않았다. 나치 정권은 그레타의 학교 선생님들이 처음에 시도했던 것처럼 정부에서 경제를 계획하고 조직하는 방법을 택했다. 그것은 논리적으로 볼 때 당연한 선택이었다. 시장 경제가 생산량의 증가와 이익의 공평한 분배로 이끌지 못한다면 누군가 개입하여 그렇게 되도록 만들어야 했다. 국가가 아니라면 그 누가 그런 역할을 담당할 수 있단 말인가? 시장 경제에 바탕을 둔 자본주의에 대한 유일한 대안은 국가 주도하의 계획 경제뿐이었다. 하지만 계획 경제로의 전환은 하루아침에 이루어진 것이 아니라 여러 단계를 거쳐 진행되었다. 1945년 제2차 세계 대전이 끝날 무렵 독일은 거의 완전히 계획 경제 체제로 탈바꿈했고, 시장 경제적인 요소는 별로 남아 있지 않았다.

계획 경제 체제로 전환하는 데 첫 번째 중요한 단계는 실업의 해소였다. 일자리를 구하는 일은 더 이상 시장에 노동력에 대한 수요가 있느냐 없느냐의 문제가 아니었다. 일자리를 찾지만 얻을 수 없는 경우 국가가 일자리를 제공했다. 이를 달성하기 위해 나치 정부는 수많은 인력을 고용할 수 있는 거대한 사업을 추진했다. 수 킬로미터에 달하는 운하나 도로를 건설하는 것이 바로 그런 종류의 일이었다. 선박의 통행이 가능할 정도의 운하를 건설하려면, 수많은 노동자가 오랜 기간 작업해야 한다는 것은 충분히 짐작 가능한 일이다. 노동자들은 그들이 만드는 새로운 운하와 고속도로가 어떤 용도로 쓰이게 될지 알지 못한 채 일자리를 얻게 된 사실에 기뻐했다. 하지만 오늘날 우리는 그 모든 건설 사업이 오래전부터 세계 대전을 계획해 왔던 나치 정권의 준비 작업이었음을 알고 있다.

실업의 해소는 나치 정부에 무척 중요한 일이었다. 국민들로부터 커다란 지지를 받게 해 주었기 때문이다. 대규모의 공공사업

덕분에 최악의 상황은 지나갔다. 사람들은 일자리를 갖게 되었고, 식구들을 먹여 살릴 돈을 벌게 되었다.

제2차 세계 대전이 발발했던 1938년 시장 경제에 대한 정부의 통제는 점차 빈번해졌다. 시간이 지나면서 나치 정부는 노동력의 공급 문제를 계획하는 데에서 한 걸음 더 나아가 식량과 다른 생필품들의 가격 또한 결정했다. 전쟁을 치르는 기간이 길어질수록 식량뿐 아니라 석탄과 의복을 비롯한 생필품 또한 점점 더 귀해졌기 때문이다. 생필품의 가격이 천정부지로 치솟아 소수만이 구입하게 되는 상황을 막기 위해 정부는 점점 더 많은 생필품의 가격을 통제했다. 자유 시장 경제는 더 이상 존재하지 않았다! 전쟁이 끝나기 직전 식량 부족이 더욱 심해지자 정부는 화폐에 의한 식량 거래를 금지하고, 배급제를 실시했다. 터무니없이 부족한 식량을 전 국민에게 공평하게 분배할 유일한 방법은 배급제밖에 없었기 때문이다.

이제 상황은 그레타의 학교 선생님들에게 일어난 일과 별반 다르지 않다. 모든 학생들이 자기가 취약한 과목에서 과외 수업을 받을 수 있는 공평한 기회를 갖게 하려면 선생님들이 과외 선생을 정해 주는 수밖에 없었다. 전쟁 직후의 독일의 사정이 그랬던 것처럼 과외 수업은 공평하게 분배되긴 했지만 경쟁이 가능한 시장 경제에서보다는 수업의 품질이 훨씬 더 떨어졌다.

제2차 세계 대전이 끝난 1945년 독일 경제는 바로 그런 상황에 직면해 있었다. 두 가지 경제 체제를 시험해 본 결과, 그 어느 것도 만족스럽지 못했다. 시장 경제 체제는 비록 부의 증가에는 기여했지만 공평한 분배는 불가능했다. 반면에 계획 경제 체제는 공평한 분배는 이루었을지 모르나 경제 성장을 달성하는 데는 실패했고, 결과적으로 빈곤을 공평하게 분배했을 뿐이었다.

교과서 속 경제 개념

시장의 실패

시장에 완전 경쟁을 저해하는 요인들이 나타나서 시장이 스스로의 힘으로 자원을 최적 배분할 수 없는 상태를 '시장의 실패(market failure)'라고 한다. 시장 실패의 원인으로는 공공재의 무임승차 문제, 정보의 비대칭성 존재, 외부 효과의 존재, 독과점의 존재 등이 있다.

독과점 시장

독과점은 독점과 과점을 합쳐서 이르는 말이다. 소수의 거대 기업이 시장의 대부분을 차지하는 상황을 뜻하며 새로운 기업의 진입이 곤란한 시장 형태를 말한다.

제3의 길을 찾다

이 장에서 원래 다루고자 했던 것은 1945년 이후의 사회적 시장 경제였다. 이제까지 1945년 이전의 상황을 설명하는 데 여러 쪽을 할애했으니 지금부터는 사회적 시장 경제에 관하여 이야기해 보자. 사회적 시장 경제 개념을 정립한 사람들은 서로 알고 지내며 함께 의견을 주고받았던 몇 명의 경제학자였다. 이 경제학자들은 1920년대와 1930년대 독일의 경제 상황을 지켜본 결과, 대부분의 독일인들과 마찬가지로 자유 시장 경제와 계획 경제 양쪽 모두 바람직한 체제가 아니라는 결론에 도달했다. 이들은 두 체제의 장점을 살리면서도 부작용은 피할 수 있는 새로운 길을 모색했다. 그것은 어떤 경제 체제여야 할까? 무엇보다도 빈곤과 기아 문제를 빠르게 해결할 수 있어야 한다. 이는 분명 시장 경제의 도입을 의미했다. 분업화된 자유 시장 경제를 통해서만 빠른 경제 성장을 달성할 수 있다는 사실은 애덤 스미스와 그의 추종자들뿐 아니라 역사가 증명하지 않았는가.

하지만 시장 경제 체제하에서 담합과 독점이 행해지고 그 결

과 소수만이 부를 획득할 뿐 대다수는 빈곤에 허덕이게 되는 사태를
어떻게 방지할 수 있을까? 질병이나 사고로 인해 혹은 자녀 양육을 혼
자서 책임져야 하는 형편 때문에 경제 활동에 종사할 수 없는 사람은
어떻게 보호할 수 있을까? 우리의 경제학자들은 이와 같은 문제를 해
결하기 위해 고심한 결과 다음과 같은 결론에 이르렀다. 시장 경제 체
제하에서는 부의 공평한 분배를 기대할 수 없기 때문에 이를 위해서
는 국가가 개입하지 않으면 안 된다. 그렇다면 계획 경제 체제를 택해
야 할까? 사회적 시장 경제 이론을 내세운 경제학자들은 그렇지 않다
고 대답한다. 그들의 해결책은 두 체제를 결합하는 것이었다. 부유한 국
가를 만들기 위해서는 시장 경제가 필요하다. 하지만 시장 경제가 해결
하지 못하는 사회적 불평등을 해소하기 위해 국가가 적극적으로 계획
을 수립하는 것을 막을 이유는 없었다.

　　예리한 통찰력을 지닌 이 경제학자들의 생각은 참으로 간단
했다. 나무를 잘라 구멍을 뚫고 무언가를 만들려고 할 때, 누군가 톱을
빌려줬다고 해 보자. 우리는 톱으로 구멍을 뚫을 수 없다는 이유로 그
의 호의를 거절하지는 않을 것이다. 아마도 자르는 것은 일단 톱으로
해결하고, 구멍 뚫는 데 쓸 다른 도구를 찾아볼 것이다.

　　사회적 시장 경제 이론을 세운 경제학자인 발터 오이켄(1891-
1950)과 알렉산더 뤼스토프(1885-1963)의 생각에는 시장 경제가 모든 문제
의 해결책이 될 수는 없었다. 다시 말해 시장 경제가 성장과 평등한 사
회를 동시에 실현시킬 수 있는 체제라고 판단한 것은 착오라는 것이

다. 애덤 스미스와 칼 멩거의 기대는 결코 현실화될 수 없는 꿈이었다. 그렇다고는 해도 수요와 공급의 법칙에 따라 움직이는 시장의 원리를 이용해 일단 경제 성장을 달성하고, 양질의 상품을 생산할 수 있다. 평등함의 문제는 우리 스스로 해결해야 한다.

어떻게 해결한다는 뜻일까? 시장 경제 체제하에서 평등함이 유지되려면 무엇보다도 온갖 수단을 동원하여 시장 경제를 보호해야만 한다. 그레타의 학교에서 일어난 일을 다시 생각해 보자. 과외 수업을 제공하는 일부 학생들 사이에 담합이 이루어지기 전까지는 과외 수업이 수요와 공급의 법칙에 따라 진행되어 어느 학생이나 자기가 필요로 하는 수업을 해 줄 다른 학생을 찾을 수 있었고, 누구나 그 대가로 극장표를 손에 넣을 수 있었다.

원활하게 돌아가는 시장 경제 체제하에서도 거기에 동참할 수 없는 사람들은 있게 마련이다. 그렇다면 어떤 사람들을 배려해야 하는 걸까? 팔 것을 전혀 갖고 있지 못한 사람들, 심지어는 노동력조차도 팔 수 없는 사람들, 예를 들어 아직 성장기에 있고 학령기에 있는 청소년이나 신체적으로 더 이상 일할 능력이 없는 노인이나 회복기에 있는 환자들을 생각해 보자. 그리고 현재 실업 상태에 처한 사람들은 어떻게 될 것인가? 나치 정부 이전의 시장 경제 체제에서 그런 사람들은 제도적으로 아무런 지원을 받지 못했기 때문에 무척 곤란한 처지에 놓여 있었다. 1945년 이후 사회적 시장 경제 체제를 창안한 사람들은 다시는 그러한 상황이 일어나서는 안 된다고 말한다. 소득이 없는 사람들을 경제적으로 지원하는 것은 사회의 의무이기 때문이다.

　　사회적 시장 경제 이론을 내세운 또 다른 두 명의 경제학자인 빌헬름 뢰프케(1899-1966)나 알프레드 뮐러-아르마크(1901-1978)와 같은 경제학자들의 제안은 단순했지만 오늘날까지도 효과적으로 기능을 수행하고 있다. 시장 경제를 통해 성장을 이룩한 후에 벌어들인 돈의 일부를 도움이 필요한 사회 구성원들에게 경제적인 지원을 하는 데 사용한다. 국가가 모든 취업 인구의 수입 중 약 25 % 정도를 세금으로 걷는다면 상당히 많은 자금을 확보할 수 있다. 어느 누구도 굶어 죽는 일이 없도록 조치하는 데 있어서는 충분한 액수일 것이다.

　　사회적 시장 경제 이론은 과연 어떻게 되었을까? 그 이론을 내세운 사람들은 운이 좋았다. 제2차 세계 대전 이후 경제 장관이었던 루트비히 에르하르트는 그들의 제안을 받아들였다. 루트비히 에르하르트(1897-1977)는 전쟁이 끝난 후 '질서자유주의(Ordo Liberalismus : 시장 경제의 질서 유지에 관한 정부 역할의 중요성을 강조한 독일의 경제·정치 사상)' 경제 정책을 수립하였다. 이 정책은 한편으로는 시장 경제를 지지하면서도 다른 한편으로는 시장 경제가 정상적인 기능을 유지할 수 있도록 엄격한 질서를 요구했다.

　　에르하르트는 경제 개혁을 추진하면서 계획 경제 체제를 철폐했다. 상품의 가격은 다시 수요와 공급의 관계에 따라 자율적으로 형성되도록 했고, 더 이상 미리 정하지 않았다. 또한 화폐 개혁을 통해 실질적인 가치를 가진 안정적인 화폐를 도입했다. 새로 유통되기 시작한 화폐의 이름은 마르크화였다. 상품 구매력을 지닌 새 화폐의 등장으로 일하는 것에 그럴 만한 가치가 생겼다. 공장의 기계는 순식간에 다시 가동되기 시작했고, 이로써 자급자족 생활을 영위하던 시대는 지나갔다.

루트비히 에르하르트는 전격적으로 시장 경제를 다시 도입했다. 이제 그가 할 일은 시장 경제를 사회적 시장 경제 체제로 만드는 일이었다. 그러기 위해 그는 질서자유주의 경제학자들의 제안을 수용했다. 그는 시장 경제가 담합과 독점 행위에 오염되지 않도록 보호하는 한편, 나이가 많거나 너무 적어서 혹은 질병이나 사고로 일할 수 없는 사람들의 생계를 보장할 대책을 수립했다. 시장 경제를 보호하기 위하여 그는 관련 부서를 설치했고, 공무원들에게 시장을 엄중하게 감시하는 임무를 맡겼다. 공무원들은 어디선가 공정한 경쟁을 방해하는 담합이 행해지는 기미가 보이면 즉시 제지했다. 이는 오늘날에도 여전하다. 두 기업이 제휴 혹은 합병 의사를 밝히면 국가는 그로 인하여 혹시 독점이 발생할 위험은 없는지 신중하게 검토하고, 위험이 있다고 간주될 경우 제휴 혹은 합병은 금지된다.

그 후에 에르하르트는 사회적 시장 경제의 두 번째 토대인 사회적 약자를 위한 정책 마련에 즉각 착수했다. 종전 후 25년간 독일에서는 혼자서 생활이 곤란한 사람들을 돕기 위한 사회복지 정책이 지속적으로 수립되었다. 자녀 양육비 보조금은 부모들이 자녀 양육에 드는 비용 때문에 경제적인 어려움에 빠지는 일 없이 자녀에게 필요한 음식과 의복을 제공할 수 있도록 도와주었다. 일자리가 없는 사람들에게는 실업자 수당이 지급되었다. 병에 걸려 일을 할 수 없는 사람도 건강을 회복해 다시 일자리에 나갈 때까지 임금을 받았다. 나이가 든 사람들은 연금 보험의 혜택을 받았으며 그 밖에도 미망인이나 고아, 남편 혹은 아내 없이 혼자서 자녀 양육을 맡고 있는 사람 그리고 장애가 있는 사람 역시 국가로부터 경제적인 지원을 받았다.

　　하지만 세금 수입에만 의존한다면 이 모든 복지 정책의 재원 확보는 불가능하다. 그래서 독일에서는 실업자 수당은 국가에서 전액을 지급하지 않고, 기업과 노동자들이 매달 일정액을 적립해 놓은 기금에서 그 일부를 지급한다. 노동자들이 실업 상태가 되었을 때 계속 급여의 상당 부분을 받을 수 있도록 한 것이다. 연금의 경우에도 마찬가지다. 정년이 될 때까지 일하는 동안 노동자와 고용주인 기업은 매달 일정액을 낸다. 그리고 이렇게 조성된 기금을 통해 퇴직한 노동자들은 남은 생애에 지속적으로 일정액의 연금을 받게 된다.

　　근사하게 들리지 않는가? 실제로 에르하르트의 사회 보장 제도는 그동안 큰 성과를 거두어 왔다. 하지만 현재 이 제도에 문제점이 전혀 없는 것은 아니다. 가장 큰 문제는 청년층 인구는 날로 감소하고, 65세 이상의 노년층 인구는 날로 증가하고 있다는 사실이다. 이 제도가 도입된 것은 대부분의 인구가 65세 미만으로 경제 활동에 종사하고 있었고, 그 덕분에 모든 퇴직자에게 연금을 지급할 수 있을 만큼 충분한 기금이 확보될 수 있던 때였다. 그러나 최근 30년 사이에 출산율이 급격히 감소하였다. 이 책을 읽는 독자들의 조부모 세대에는 한 가정에 보통 네 명 이상의 자녀가 있었으나 오늘날은 여성 1인당 출산하는 자녀의 수가 평균 1.5명이 채 되지 않는다. 따라서 이런 사회 변화를 고려하면 사회 보장 제도는 조만간 전면적인 수정이 불가피하다는 현실을 받아들여야 할 것이다.

주식 시장이란
무엇인가?

자본주의의 발생은 최초로 형성된 대규모 시장, 예를 들어 양모로 갑자기 많은 돈을 축적한 자본가의 탄생 등과 밀접한 관련이 있다. 이 돈으로 사람들은 사치품을 사는 것 이상의 일을 할 수 있었다. 돈을 토지나 공장과 같은 새로운 생산 수단에 투자하면 그보다 훨씬 더 많은 돈을 벌 수 있었다.

석탄과 철강을 채굴하거나 가공하기 위한 거대한 시설이 생겨나고, 더불어 산업화가 본격적으로 진행되기 시작하자 그곳에는 아무리 부유한 공장주라도 개인적으로 조달하기엔 무리가 있을 만큼의 막대한 자금이 필요했다. 하지만 부유한 공장주는 새로운 사회 기반 시설과 철도 그리고 거대한 증기 기관을 통해 얻을 수 있는 이익을 포기할 생각이 없었다. 그 결과로 탄생한 것이 바로 '주식회사'다.

주식회사란 돈을 합쳐서 일정 규모의 자본을 만든 후 이를 기업에 투자하기 위해 행동을 같이하는 사람들의 모임이다. 처음에 설립된 주식회사는 석탄과 철광석 광산 그리고 기계 공장을 대상으로 한 것이었다. 독일 북서부의 공업지대인 루르 지방에 가서 갱도를 본 적이 있는 사람이라면 지하에 그런 시설을 만드는 데 엄청난 돈이 든다는 것을 짐작할 것이다. 주식회사는 누구의 소유일까? 자신의 돈으로 주식회사의 일부, 다시 말해 주식회사에서 발행한 주식을 산 모든 사람이 바로 주식회사의 소유주다. 주식을 사는 행위에는 항상 위험 부담이 따른다. 어느 누구도 그 주식회사가 세운 거대한 시설이 제 기능을 다할 것이라고 보장할 수는 없기 때문이다. 하지만 그 시설이 제대로 기능했을 때 수익은 막대했다. 주식을 보유한 주주들은 그들의 공장이 철도를 이용하게 되었다는 이유로 크게 이익을 보았다. 하지만 주식회사는 무엇보다도 자신들이 직접 건설한 철도와 기계 공장 또는 석탄이나 철광석 광산을 운영해서 많은 돈을 벌었다. 이 돈은 회사의 주주들에게 분배되었다. 오늘날까지도 주식회사는 같은 원리로 움직인다. 사람들은 특정 주식회사가 이익을 남기기를 기대하면서 그 회사의 주식을 산다. 회사가 이익을 남기면 그 이익은 주주들에게 고루 배분된다. 이는 보통 주식의 가치가 상승함으로써 이루어진다. 일이 잘 안 되어 그 회사가 적자를 기록하는 경우 주식 가격은 하락하고 주주들은 투자한 돈을 잃게 된다.

　　주식회사의 등장으로 이전에는 존재하지 않았던 새로운 형태의 시장이 형성되었다. 그것은 바로 돈이 거래되는 시장이었다. 돈은 이제 단순히 교환 수단에 불과한 것이 아니라 그 자체로 재화가 됐다. 돈을 가진 사람은 주식 시장이나 금융 시장에서 주식을 샀다. 그리

고 돈을 쓸 일이 생기거나 다른 회사가 더 많은 수익을 거둘 것이라고
판단하는 사람은 가지고 있는 주식을 팔았다.

　　　이렇게 해서 자본주의의 심장부라 할 주식 시장이 형성되었
다. 사실 자본주의는 가진 돈으로 더 많은 돈을 벌게 되어 있는 경제 구
조라 할 수 있다. 돈을 벌려면 상품을 생산해서 팔아야 한다. 상품을 가
장 잘 판매하는 방법은 경쟁 회사의 제품보다 조금이라도 싼 가격에
공급하는 것이다. 그러기 위해서는 생산가를 최대한 낮추어야 하고,
이는 오직 분업화가 최고로 이루어졌을 때만 가능하다. 이 점은 애덤
스미스가 이미 분명히 밝힌 사실이다. 따라서 거대한 공장이 필요하며
공장의 가동으로 돈을 벌기 이전에 그것을 짓기 위한 돈이 먼저 확보
되어야만 한다. 산업 혁명 이래로 주식 시장은 심장이 혈액을 공급하
듯이 돈을 경제의 혈관에 공급해 왔다. 여유 자금을 투자해 더 많은 돈
을 벌고자 하는 사람들이 주식 시장에 투자한 자본이 새로운 시설이나
더 크고 빠른 공장을 건설하는 데 투입되었기 때문이다.

두 개의 독일

앞에서 제3의 경제 체제를 언급했을 때, 독일의 절반은 다루지 않았다고 해야 할 것이다. 왜냐하면, 사실 제2차 세계 대전이 끝난 1945년 이후로 지난 40년 간 독일은 두 개의 나라로 갈린 분단국가였기 때문이다. 이제는 더 이상 기억하기 힘들지만 독일 땅에는 각기 고유한 화폐 제도와 독자적인 정부를 갖춘 두 개의 국가가 존재했으며 그 사이에는 국경이 있었다. 사회적 시장 경제 체제의 도입에 관하여 설명한 모든 내용은 서독에 국한된 것이었다. 동독이 사라진 것은 1989년에 독일이 통일되면서부터다. 이제 지구상에는 단 하나만의 독일이 존재한다.

독일은 어떻게 해서 분단되었고, 동독은 왜 더 이상 존재하지 않게 되었을까? 먼저 첫 번째 질문에 대한 답을 해 보기로 하자. 패전 후 동독 땅은 러시아(당시는 소련이었다)가 점령했고, 서독 땅은 미국과 프랑스 그리고 영국인들이 점령했다. 서독 땅에 시장 경제 체제가 도입될 것이라는 사실이 밝혀지자 러시아는 그에 대항하여 동독 땅에 또 하나의 독일 국가를 세웠다.

여기서 우리는 러시아가 수년간 카를 마르크스의 이념에 입각한 사회주의 경제 체제를 유지해 왔다는 사실을 알아야 한다. 러시아에서는 모든 생산 수단이 전체 노동자의 공유 재산이었고, 국가가 경제의 각 단계를 계획하고 통제했다. 러시아는 그와 똑같은 경제 체제를 독일 땅에 도입하려고 했으나, 서독 지역에서 자유 시장 경제 체제를 선택하자 자신이 점령한 동독 지역에 독자적인 사회주의 국가를 수립하기로 결정했다.

동독은 종전 후 시장 경제와 계획 경제 중에서 계획 경제를 선택했다. 선택이라는 단어는 사실 적합하지 않다. 러시아가 일방적으로 결정한 것을 동독의 국민들에게 통보했기 때문이다. 그렇다고 해서 동독 국민들이 이 결정을 거부했다고 생각한다면 안 된다. 초기에는 계획 경제에 찬성하는 사람들이 많았다. 그것은 서독 내에서도 계획 경제를 지지하는 사람들이 꽤 많았다는 사실을 감안하면 별로 놀랄 일이 아니다. 많은 동독 사람들이 사회주의 국가가 들어서는 것을 반겼다. 사회주의 경제 체제가 적합해 보이는 여러 가지 이유가 있었다. 무엇보다도 평등이 실현될 것이라는 희망이 첫 번째 이유였다. 그것을 위해서라면 시도해 볼 만한 가치가 있었다. 왜냐하면 당시에 많은 사람이 1920년대 후반의 시장 경제가 초래한 심각한 불평등을 기억하고 있었기 때문이다.

많은 사람들이 희망했던 또 다른 하나는 평화였다. 사람들은 나치 정당이 집권해 세계 대전을 일으키게 된 원인이 자본주의가 통제력을 상실하고, 무너졌기 때문이라고 보았다. 그런 사태가 또 다시 발생해서는 안 된다는 점에서 사람들의 의견은 일치했고, 그러기 위해서는 무언가 새로운 방법을 시도해 보아야 했다.

하지만 시도는 실패로 끝났고, 동독이라는 국가는 더 이상 세상에 존재하지 않는다. 왜 그럴까? 그 이유를 일일이 나열하자면 이 지면이 너무 좁다. 경제적인 이유만을 꼽아 본다면, 동독은 서독과 기타 서구권 국가들이 도입한 시장 경제와의 경쟁에서 심각한 피해를 보고 있었다. 항상 그 국가들과 비교되었지만 동독은 제2차 세계 대전 이후 수십 년 동안 서구권 국가들이 이룩한 경제 성장을 결코 따라갈 수 없었다. 1960년대까지만 해도 두 개의 독일 국가 중 어느 쪽의 체제가 경제적으로 더 바람직한 형태인지 불분명했다. 하지만 시간이 더 흐르자 계획 경제 체제는 서구권 국가들이 이룬 경제적인 업적과 생활 수준을 도저히 쫓아갈 수 없었다. 동독의 많은 노동자들이 떼를 지어 좀 더 풍요로운 생활을 보장하는 서독 땅으로 넘어가기 시작했다. 이를 막기 위해 동독과 서독 사이의 경계를 강화했지만 동독이 서독과 상대적으로 비교되면서 생기는 문제는 여전히 남아 있었다.

그렇다면 자본주의가 더 나은 경제 형태라고 결론내릴 수 있을까? 경제학자를 비롯한 많은 사람은 사회주의 경제 체제가 붕괴된 것이 자본주의의 우월성을 입증하는 확실한 증거라고 생각한다. 그러나 이 문제는 그렇게 간단하게 결론을 내릴 수 있는 문제는 아니다. 물론 우리의 시장 경제가 빠른 성장과 더 많은 재화의 생산에 기여했다는 점만은 분명한 사실이다. 하지만 부의 공정한 분배 문제는 어떤가? 부인할 수 없는 점은 어쨌든 일자리와 부의 분배가 서독보다 동독에서 훨씬 더 균등하게 이루어졌다는 사실이다. 동독의 생활 수준이 서독보다 전체적으로 낮았던 것은 사실이나 이는 모든 동독 국민에게 공평하게 나타난 현상이었다. 동독에서는 직업이 의사든 엔지니어든 간호사든 상관없이 모든 사람의 소득이 거의 비슷했다. 행복 지수 조사 결과를 보면 삶에 대한 개인의 만족도는 실제 소득액의 숫자보다는 주위의 사람들과 비교했을 때 그가 어떤 처지에 있느냐 하는 것이 훨씬 더 큰 영향을 미친다. 그렇기 때문에 우리는 동독의 국민이 서독의 국민에 비해 불행했다고 단정지을 수 없다.

동독의 붕괴 이후 독일 내의 빈부 격차는 급속하게 심해지고 있다. 유감스럽게도 지난 20년 동안 빈익빈 부익부 현상은 더욱 뚜렷해지고 있다. 사회주의 경제 정책은 실패했으며 자본주의 시장 경제는 많은 문제점을 안고 있다.

동독의 사회주의 국가 체제를 경험한 많은 독일인들은 지금까지도 자본주의 시장 경제를 불편하게 여기고 있다. 이런 태도는 수정된 형태인 사회적 시장 경제에 대해서도 마찬가지다. 비록 불완전하긴 했지만 부의 공정한 분배가 실현되는 경제 형태를 추구했던 독일인들의 꿈은 이제 사라진 것처럼 보인다.

일곱 번째 질문

경제 위기는 왜 계속 반복될까?

존 메이너드 케인스의 답

(그레타는 팔찌를 만들어 팔기 시작한다. 처음에는 돈을 잘 벌었지만 금 장사가
안 돼 걱정이다. 경기 순환에서 일어나는 일도 그레타의 경우와 다르지 않다.
그레타는 어떻게 다시 돈을 잘 벌게 되었을까? 그레타의 경험을 통해 존 메이
너드 케인스는 최악의 상황을 피하는 방법을 쉽게 설명해 준다.)

2008년 세계 경제 위기를 기억하고 있는가? 하루아침에
뉴욕의 큰 은행들이 무너지고, TV 뉴스에는 갑자기 실업자가 된 지점
장들이 소지품이 담긴 상자를 들고 사무실을 떠나는 모습이 방영되었
다. 그들은 모두 왜 그런 사태가 발생하였는지 영문도 모른 채 경악했
다. 이후 몇 달 동안이나 경제 전문가들이 텔레비전에 등장해 미국의
부실 은행이 범죄적인 수법으로 전 세계를 경제 위기에 몰아넣었다고
설명했다. 아마도 여러분은 나의 어조에서 그것이 잘못된 판단이었음
을 이미 눈치챘을 것이다. 당시의 경제 위기가 범법 행위를 저지른 지
점장 몇 명이 일으킨 사고라고는 결코 말할 수 없기 때문이다. 수영하
면 몸이 젖는 것을 피할 수 없듯이 자본주의 경제 체제에선 경제 위기
가 발생하는 것을 피할 수 없다.

경제 위기의 발생은 지붕의 홈통이 꽉 막혔을 때 일어나는 일과 그 상황이 비슷하다. 지붕의 홈통을 규칙적으로 청소하지 않으면 막혀서 빗물이 배수구를 통해 흘러 나가는 대신 지하실로 흘러들어 넘치게 된다. 그곳에 보관해 두었던 가구나 장난감, 암벽 등반용 장비 등은 못 쓰게 될 것이다. 지붕의 홈통과 경제 위기의 유일한 차이는 경제 위기는 아무리 사전에 대비를 한다고 해도 결국에는 발생하게 되어 있다는 점이다. 규칙적으로 반복되는 상황인데도 우리는 비극이 일어날 때마다 놀라지 않을 수 없다. 시간이 흐르면서 지붕에 나뭇잎과 먼지가 쌓이고 이끼가 껴서 홈통이 막히면 빗물이 빠지지 않게 된다. 경제 위기의 경우는 그에 비해 다소 복잡하긴 하지만 그렇다고 해서 우리가 이해하지 못할 정도로 복잡한 것은 아니다.

2008년의 세계 경제 위기는 처음이 아니었다. 경제 위기는 자본주의가 생겨난 이래, 지난 150년 동안 반복적으로 발생해 왔다. 독일은 산업화가 아직 초기 단계에 머물고 있던 1840년대에 이미 최초의 경제 위기를 경험했다. 그 상황이 극복된 후 1873년에는 처음으로 심각한 경제 위기가 독일을 강타했다. 최근의 경제 위기와 마찬가지로 그 당시 사람들은 충격에 빠졌고, 자유 시장 경제가 끝나는 것은 아닌지 두려워했다. 그러나 경기는 곧 회복되었다. 그 이후 몇 번의 작은 위기가 지나가고 나서 1930년 무렵, 20세기 최대의 경제 위기가 발생했다. 최초의 경제 위기인 세계 대공황이었다. 당시 많은 경제학자를 비롯한 수많은 사람들이 자본주의의 종말이 다가왔다고 믿었다. 대공황 이래

로 몇 차례에 걸쳐 작은 경제 위기가 있었고, 2008년 가을에는 또 한 번
의 거대한 세계 경제 위기가 닥쳤다. 자본주의가 과연 존속 가능한 체
제인지 또 다시 의문이 제기되었다. 하지만 경제학자들은 지난 100년
동안의 경험을 통해 경제 위기가 왜 발생했는지, 그리고 앞으로도 왜
계속 발생할 수밖에 없는지 그 이유를 잘 알고 있다.

다시 그레타 이야기로 돌아가 보자. 과외 수업과 극장표에
얽힌 사건이 있었던 지 벌써 여러 주가 지났다. 그레타의 반에서는 다
시 무슨 일인가 벌어지고 있다. 이제부터 할 이야기는 그레타가 만든
팔찌에서 시작해 머리 끈으로 끝난다. 그레타는 집에 물난리가 나서
잠시 할머니 댁에서 지내게 되고, 할머니께 색실을 엮어 팔찌 만드는
법을 배웠다. 몇 시간이나 공을 들여야 하는 일이긴 했지만 완성된 팔
찌는 정말 예뻤다.

그레타가 학교로 돌아갔을 때 상급반 여학생 하나가 그레타
의 팔찌를 보고 무척 마음에 든다면서 50센트에 팔라고 했다. 그레타
는 기꺼이 그 제안을 받아들였다. 팔찌는 또 만들면 되고 돈을 벌 수 있
기 때문이다. 다음날 팔찌를 샀던 선배 여학생과 친한 친구 두 명이 자
기들도 팔찌를 사고 싶다고 말했다. 그레타는 친구에게 팔찌 두 개를
더 만드는 일을 도와줄 수 있는지 물어 봤고 그런 식으로 일이 계속 진
행된다. 그 이후에는 어떤 일이 발생했을까?

팔찌에서 머리 끈까지

그레타는 할머니에게 색실로 팔찌 만드는 법을 배웠는데 정말 근사했다! 팔찌 하나를 만드는 데 시간이 꽤 많이 걸리긴 했지만 다 만들고 난 팔찌는 무척 예뻤다. 월요일에 학교에 갔더니...

다들 그런 팔찌를 하고 싶다고 성화였다.

혼자서는 도저히 팔찌의 수요를 감당할 수 없게 된 그레타는 팔찌 만들기를 도와줄 친구들을 모집한다.

그레타와 친구들은 털실을 구입한 재료비에 용돈의 일부를 투자해야 했지만 팔찌를 팔아 번 돈으로 금세 그 돈을 되찾았다. 그레타와 친구들이 팔찌로 돈을 버는 재미에 맛을 들이게 될 즈음, 갑자기 팔찌를 사려는 사람들이 모두 사라졌다.

그레타의 사촌 안나가 제안한다. "뭔가 다른 걸 생각해 봐."

안나는 학교 운동장에 있는 벤치에 앉아 색실로 만든 머리 끈을 넣어 친구의 머리를 땋아 주기 시작했다.

머리 끈 장식을 본 아이들이 모두 자기에게도 그런 걸 만들어 달라며 안나에게 1유로를 내밀었다.

이 짤막한 이야기는 왜 경기가 항상 상승과 하강을 반복하는 지 알려 준다. 이 문제를 좀 더 자세히 살펴보기 위해 산업화가 시작되던 시기로 돌아가 보자. 당시에 몇몇 사업가들은 의류 공장이 원료를 가져 오거나 생산품을 판매하기 위해 철도를 이용한다는 것을 발견하고, 그것으로 큰돈을 벌 궁리를 했다. 그리고는 기관차와 철도 건설에 들어가는 석탄과 강철을 확보하기 위해 이야기 속의 그레타처럼 돈을 빌려 거대한 광산과 제철소를 지었고, 기관차가 완성되면 그것을 팔았다. 기관차에 대한 수요는 매우 커서 점차 많은 사람들이 그와 관련된 일에 종사하게 되었다. 탄광에서 석탄을 채굴하는 일이나 기관차를 조립하는 일은 직접적으로 관련이 있는 경우였다. 간접적으로 관련 있는 일도 많이 생겼다. 그 사람들은 농사를 지을 시간이 없었기 때문에 그들이 필요로 하는 식량을 파는 사람들이 생겨났다. 기계 공장이나 광산에서 일하는 노동자를 위해 그들의 일자리와 가까운 곳에 집을 지어 주는 사람들도 간접적으로 기관차 관련 산업에 종사하는 셈이었다. 경제의 많은 부분이 철도 건설과 관련이 있었다. 이런 이유에서 경제학자들은 철도 건설과 관련된 철강, 기계 등에 대하여 '주도산업'이라는 말을 쓴다. 개가 목에 방울을 달고 양떼를 이끄는 것처럼 주도산업은 경제 전체를 이끄는 역할을 한다.

그러나 철도 관련 산업도 결국 그레타가 색실로 만든 팔찌와 같은 운명을 맞았다. 비교적 큰 규모의 도시 곳곳에 철도가 연결되어 더 이상 새로운 철도가 필요하지 않게 된 시점이 온 것이다. 그러자

기관차 건설에 필요한 물자를 구입하기 위해 돈을 빌렸던 공장들이 그 돈을 갚지 못하게 되었다. 다음으로 그 공장에서 일했던 수많은 노동자들이 일자리를 잃었다. 노동자들이 실업 상태가 되자 그들에게 생필품을 조달하는 일에 종사했던 사람들, 식료품상과 구두장이, 목수, 미장이 등 또한 실업자가 되고 말았다. 그것이 바로 경제 위기의 시작이었다.

망했다!

원활하게 돌아가던 경제는 종종 순식간에 위기 상황이 되기도 한다. 그뿐만이 아니다. 아직 은행에 닥친 문제는 언급하지도 않았다. 은행에는 다른 문제들이 발생한다. 공장이 망하면 무슨 일이 일어날까? 대부분의 기업과 마찬가지로, 공장이 주식회사의 형태라면 주주는 그 회사의 주식을 팔려고 할 것이다. 반면에 그 주식을 사려는 사람은 없을 테니 주식 가치는 갑자기 뚝 떨어질 것이다. 주식 시장에서 기업의 가치는 그 기업의 주식 가격을 모두 합친 것이다. 따라서 주식 값이 폭락한 기업은 이제 거의 아무런 가치도 없다. 주가는 그 거대한 기업을 단돈 1유로에 살 수 있을 것이라는 생각이 들 정도로 계속 하락한다.

상황은 더 악화된다. 처음에 공장이 망하고 그다음으로 주가가 폭락하고 나면 이제 은행이 위기에 처한다. 사람들이 은행에 돈을 맡기는 것은 곧 은행이 그들에게 이자를 지불하겠다는 약속을 하고 돈을 빌리는 것과 같다. 예금 이자를 지불하려면 은행은 돈을 투자해 이익을 남겨야 한다. 그렇지 않으면 손해를 보기 때문이다. 따라서 은행은 수익률이 좋은 기업의 주식을 산다. 은행은 기관차 생산 공장과 철도 관련 산업에 투자했다. 투자한 산업의 주가가 극심하게 하락하자 은행은 그레타와 같은 처지가 되고 말았다. 은행에 예금을 맡긴 사람들의 원금은 물론 이자도 돌려줄 수가 없게 된 것이다. 이는 경제 위기가 왜 짧은 시간 안에 몇몇 은행들의 파산으로 이어지는지를 설명해 준다.

이제 우리는 도미노의 마지막 단계에 이르렀다. 은행이 파산의 위험에 처하면 사람들이 더 이상 은행에 예금하려고 하지 않는 것은 당연한 일이다. 이는 은행으로서도 불행한 일이지만 더 큰 피해는 사람들이 더 이상 은행을 믿지 않게 되는 시점에서 비롯된다. 아직 위기에 빠지지 않은 건전한 기업이 원자재 구입을 위해 은행에서 돈을 빌리는 일은 이제 불가능하다. 사람들이 더 이상 저금을 하지 않아 은행은 보유한 자금이 떨어져 기업에 대출을 해 주려 하지 않기 때문이다. 악순환은 되풀이된다. 주도산업과 아무런 관련이 없는 기업들도 원자재 구입에 충당할 자금을 은행에서 대출 받을 수 없게 되어 도산 위기에 처하기 때문이다. 이런 상황을 일컬어 '신용 위기'라고 한다.

지금까지 우리는 경제가 어떻게 호황에서 최악의 불황으로 전락할 수 있는지 살펴보았다. 그렇다면 이 불황에서 헤어나는 길은 무엇인가? 언젠가 모든 사람에게 필요한 어떤 새로운 것이 나타나는 일이다. 그레타 이야기에서는 모든 아이들이 새롭게 머리 끈 장식을 원했다. 경제에서도 마찬가지다. 한 가지 예를 들자면 1873년 경제 위기를 벗어나게 된 것은 전기와 전등의 발명 때문이었다. 사람들은 너나 할 것 없이 촛불이나 냄새 나는 기름 램프를 사용하는 대신에 전깃불을 쓰려고 했다. 그리하여 믿을 수 없을 정도로 엄청난 양의 전선과 콘센트, 그리고 전구 수요가 발생했다. 그 수요를 충족시키기 위해 다시 공장이 건설되었고, 그 결과 전선이나 전등의 생산과 관련된 산업에 종사하는 인구가 경제의 큰 비중을 차지하게 되었다. 전기가 새로운 주도산업으로 부상하면서 위기는 극복되었다.

문제는 실업이야

1930년대 발생한 경제 위기가 어떻게 끝났는지를 설명하는 것은 좀
더 간단하다. 1945년 제로 시점에서 끝났기 때문이다. 전쟁 중 투하된
폭탄은 많은 것을 파괴했다. 전쟁으로 입은 피해를 복구하기 위해 집
을 새로 지어야만 했을 뿐 아니라 식탁과 의자, 의복 등 많은 물건들
도 새로 장만해야 했다. 하지만 당시 투자할 돈을 갖고 있는 사람은 거
의 없었다. 다행히도 독일 기업들은 운이 좋았다. 미국에서 자금을 지
원 받아 공장과 사무실을 새로 짓고, 노동자에게 임금을 지급하고, 생
산에 필요한 원자재를 구입할 수 있었기 때문이다. 1945년 이후에 채
택된 시장 경제 체제는 짧은 시간 안에 경기를 회복시켰다. 수요와 공
급의 원칙 그리고 분업 덕분에 거의 정확하게 사람들이 가장 절실하게
필요로 하는 물건이 생산되었다. 또한 화폐가 다시 안정되어 사람들은
앞다퉈 공장의 일자리로 몰려들었다. 새로운 상품을 사기 위해 하루라
도 빨리 돈을 벌려고 했기 때문이다.

이제까지 우리는 경제 위기에 빠졌다가 벗어나게 된 과정을 살펴보았다. 경제 위기란 참으로 고달픈 상황인 것처럼 들린다. 그리고 사실 실제로도 그렇다. 많은 사람들이 실직 상태가 되어 고통에 시달린다. 경제학자들은 가능한 한 피해를 줄이기 위해 필사적으로 시장 경제의 추락으로 인한 충격을 완화시킬 방법을 찾아 고심했다. 세계 대공황이 발생했던 1930년대에 한 젊은 경제학자가 해결책을 제시했다. 그 젊은 경제학자의 이름은 존 메이너드 케인스(1883-1946)였다. 그의 주장에 따르면 경제 위기가 닥치는 이유는 경기 순환 곡선이 최저점에 달하는 불황의 시기에 대량의 실업자가 발생하기 때문이다.

대량의 실업자가 발생하는 까닭은 무엇인가? 첫 번째 이유는 경제 성장을 주도했던 산업이 포화 상태가 되면 수요가 감소하기 때문이다. 두 번째 이유는 그로 인해 타격을 받은 은행이 주도산업 부문에 속하지 않은 다른 기업들에 대출을 해 주지 않아 그 기업들까지 파산하게 되기 때문이다.

따라서 경기가 최저점을 향해 곤두박질치는 것을 막기 위해서는 기업이 생명을 부지할 수 있도록 어느 정도의 수요를 창출해 내야 한다. 좀 더 풀어서 설명해 보자. 경제 위기 상황에서 기업이 만드는 물건에 대한 수요가 없으면 정부가 대신 일자리를 만들어 내서 이 기업이 가능한 한 노동자를 해고하지 않고 버틸 수 있게 해 주어야 한다. 또한 은행이 경제 위기와 직접적인 상관이 없는 기업에 계속 대출을 해 줄 수 있도록 정부에서 은행에 필요한 자금을 지원해 주어야 한다.

많은 사람들이 처음에는 케인스의 생각을 이해하지 못했다. 경제 위기가 닥치면 정부에서 긴축 재정을 실시해야 하는 것이 아닐까? 실업자의 수가 많아지면서 세금 수입도 줄었는데 정부의 지출을 늘리면 결국 국가는 파산할 위험도 있기 때문이다.

케인스는 바로 그것이 잘못된 생각이라고 지적한다. 국가가 돈이 없으면 돈을 빌려서라도 기업에 일거리를 주어야 한다. 건설 회사는 학교를 개축하도록 하고, 기계 공장은 도로를 건설하는 데 필요한 기계를 생산하도록 해야 하며 화가나 수공업자에겐 대학의 건물을 확장하고 보수하는 일을 맡겨야 한다는 것이다. 국가에서 돈을 지출해야만 경기가 내리막길로 치닫는 것을 막아 최악의 위기가 닥치는 것을 피할 수 있을 뿐만 아니라, 대량의 실업자가 생기는 사태를 방지할 수 있다. 그렇게 해야만 모든 사람에게 이익이 된다고 케인스는 강조한다. 물론 재무 장관만은 예외다. 그의 업무는 국가가 가진 돈 이상으로 지출을 많이 하지 못하도록 막는 것이기 때문이다.

케인스가 제안한 경제 정책이 실효를 거두려면 충족되어야 할 조건이 하나 있다. 경기는 반드시 회복되어야 한다. 새로운 강력한 주도산업이 활성화되어 수익을 창출해야 하며 그 결과 국가가 많은 세금을 걷을 수 있어야 한다. 경기가 회복되면 국가는 자금 사정이 좋을 때 누구라도 하기 싫은 일을 해야만 한다. 그것은 바로 허리띠를 졸라매는 일이다. 그래야만 불경기를 벗어나기 위해 빌렸던 돈을 갚을 수 있다. 따라서 당분간은 꼭 필요한 도로 건설만으로 만족해야 하며 학교나 수영장에 수리가 필요해도 그 상태로 견딜 수밖에 없다. 국가가 빌렸던 돈을 다 갚고 나면 그때서야 비로소 국가는 새로운 경제 위기가 닥쳐도 다시 돈을 빌릴 수 있는 능력이 생긴다. 경제 위기가 또 오게 되리라는 것은 불을 보듯 뻔한 사실이다.

경제 위기 상황에서 은행은 주식 투자를 통해 얻는 수입이 급격하게 줄어들기 때문에 기업에 대출을 해 줄 수 없는 형편이 된다고 언급했다. 그렇다면 은행에 대해서는 어떻게 해야 할까? 케인스는 은행에도 국가가 재정적인 지원을 해 주어야 한다고 주장한다. 국가는 은행이 기업에 원자재 구입을 위한 비용을 대출해 줄 수 있도록 자금을 지원해 주어야 한다. 국가는 필요하다면 화폐를 새로 발행해서라도 반드시 은행이 기업에 대출을 해 줄 수 있게 해야 한다. 왜냐하면 은행에서 대출을 받지 못해 건전한 기업까지 몰락해 버리면 경제 위기는 걷잡을 수 없게 되어 버리기 때문이다.

케인스가 제안한 경기 부양책은 곧 미국 정부의 지지를 받아 실행에 옮겨졌다. 프랭클린 루스벨트 대통령(1882-1945)은 막대한 자금을 빌려 대규모 건설 사업을 추진함으로써 많은 실업자에게 일자리를 제공했다. 케인스의 이론은 옳은 것으로 입증되었다. 실업률이 하락하고 사회 기반 시설의 상태가 좋아지자 기업들은 경제 위기에도 불구하고 곧 안정을 되찾았다. 경기는 바야흐로 상승세를 타기 시작했다.

한 마디 덧붙이자면 독일 정부도 2008~2009년에 경제 위기가 발생했을 때 케인스의 제안을 수용했다. 결과는 성공이었다! 독일

정부는 경제 위기의 발생 직후에 대규모의 자금을 빌려 기업에 일거리를 맡기기 시작했다. 사실 독일 정부의 결정은 최근 수십 년간 케인스 이론이 실패한 경제 정책이라고 비난을 받아온 것을 감안하면, 무척 놀라운 일이라 할 수 있다. 이에 관해서는 다음 장에서 다시 논의하기로 하자.

2008~2009년의 세계 경제 위기

2008년에 더 이상 수요가 없어서 몰락한 주도산업 부문은 무엇이었을까? 더 이상 수요가 없는 경우에 대하여 경제학자들은 그 산업이 이미 포화 상태가 되었다고 말한다. 포화 상태라는 용어는 적절하다. 사람의 위가 포화 상태가 되면 아무리 산해진미를 차려 놓아도 소용없다. 배 속이 꽉 차서 더 이상 먹을 수가 없다. 당시 어떤 주도산업이 포화 상태였을까? 이토록 최근의 사태를 진단하는 것은 항상 위험이 따른다. 사태를 객관적으로 평가하기 위해서는 어느 정도 시간적인 간격이 필요하기 때문이다. 하지만 파도처럼 오르락내리락하는 경제의 움직임을 관찰하는 경제학자들은 2008~2009년의 세계 경제 위기가 비록 극히 최근의 사태이긴 하지만 몇 가지는 분명하다고 지적한다. 그들은 이 경제 위기가 네 단계의 과정을 거쳐 발생했다고 말한다.

2000년대의 가장 중요한 산업 부문은 자동차 산업 부문이었으며 이는 주도산업이라 불러도 될 만큼 그 비중이 컸다. 자동차 산업의 성장은 제2차 세계 대전이 끝난 시점에 이미 시작되었다. 당시 자동차를 소유할 만큼 여유가 있는 사람들은 소수에 지나지 않았다. 그러나 오늘날에는 거의 모든 사람이 자동차를 가지고 있다. 이는 비단 미국에만 해당하는 사실이 아니라 유럽에서도 마찬가지다. 그 사이에 대규모의 자동차 공장들이 세워졌다. 철도 관련 산업이 주도산업이었을 때 많은 사람들이 직접 혹은 간접적으로 그 산업에 종사하고 있었던 것처럼, 2000년대에는 자동차 산업에 직접 혹은 간접적으로 종사하는 사람들이 인구 전체의 큰 비중을 차지하고 있었다. 거의 모든 사람이 자동차를 보유하게 되면서 자동차에 대한 수요가 곧 감소하게 되리라는 것이 분명해졌을 때, 자동차 회사들은 인위적으로 수요를 만들어 낼 방법을 발견했다. 자동차의 몇 가지 작은 부품을 조금 더 나은 것으로 교체한 후, 광고를 통해 이전에 판 모델이 구형이라고 홍보하는 방법이었다. 조작법이나 안전 면에서 혹은 엔진 소모나 외형 면에서 조금씩 변화를 준 새로운 모델이 계속 출시되었다. 새로 생산된 자동차마다 점점 더 기능이 좋은 브레이크와 에어백이 처음에는 운전자를 위해서, 그다음엔 운전석 옆자리에, 마지막으로 뒷좌석에까지 장착되었다. 자동차의 승차감은 더 좋아졌고 창문을 올리고 내리는 것도 자동으로 작동할 수 있게 됐으며 에어컨과 난방은 물론 내비게이션 장치가 부착된 컴퓨터까지 설치되었다. 대다수가 이미 이동 수단으로 자동차를 보유하고 있는 상황에서도 자동차 산업은 이러한 방식으로 한동안 호황을 누릴 수 있었다.

자동차를 가진 사람들이 더 이상 새로운 모델에 흥미를 느끼지 않게 되면서 경제 위기를 초래하는 두 번째 단계에 이른다. 그들은 구형의 자동차가 충분히 제 역할을 다하는데 굳이 큰돈을 들여 신형 자동차를 구입할 필요가 없다고 생각하기 시작했다. 자동차 시장에서 발생하는 수익은 점차 줄어들었다. 이는 곧 자동차 제조 회사가 망하지 않으려면 공장 규모를 축소하는 수밖에 없다는 것을 의미했다. 그 결과 1990년대 이후로 자동차 공장에서는 점점 더 많은 노동자를 해고했다. 무엇보다도 공장들이 비용 절감을 위해 합병을 하면서 많은 실업자가 발생했다. 합병을 통해 공장들은 신형 자동차를 만드는 데 들어가는 기술자의 인건비를 절반으로 줄일 수 있었다. 그렇게 해서 볼보(Volvo)와 사브(Saab)가 포드(Ford)에, 스코다(Skoda)와 포르쉐(Porsche)가 폭스바겐(Volkswagen)에 합병되는 등 많은 자동차 회사들이 차츰 더 큰 규모의 자동차 회사에 합병되었다.

이제 경제 위기를 발생시킨 과정의 세 번째 단계를 살펴보자. 노동자들의 대량 해고와 기업 간 합병에도 불구하고 자동차 시장의 포화 상태로 인한 경기 하락세를 더 이상 늦출 수는 없었다. 자동차 시장에 있던 자본은 투자 가치가 있는 다른 곳을 필사적으로 찾기 시작했다. 결과적으로 새로운 투자 상품에 대한 아이디어를 낸 것은 미국이었다. 이런 아이디어는 경기가 커다란 위기에 봉착할 때면 으레 나타나기 마련이다. 주도산업의 생산품에 대한 투자가 더 이상 수익을 기대하기 어렵다고 예상될 때면 주식 시장에서 돈을 버는 사람들, 특히 은행은 수익이 기대되는 다른 영역으로 관심을 돌린다. 2008~2009년 경제 위기 당시, 은행가들이 새로운 투자 대상으로 삼은 것은 미국의 한 은행에서 인위적으로 창출한 수요였다. 이 은행의 지점장은 자동차 구매자가 크게 줄어들고 있다는 사실을 알아채고, 소비자들의 구매 욕구를 불러일으킬 다른 상품을 찾아 나섰다. 새로운 상품은 가능한 한 많은 수익이 발생할 수 있고, 큰돈이 필요한 것이어야 했다. 그것은 바로 주택이었다! 누구나 자기 소유의 멋진 주택을 꿈꾸지 않겠는가. 하지만 많은 사람에게 주택을 구입하는 것은 쉽지 않은 일이다. 물론 대출을 받아 사는 방법이 있기는 했다. 그러나 대출을 받으려면 주택 가격의 25% 정도는 이미 지불한 상태라야만 한다. 게다가 더 중요한 것은 대출 이자와 대출금 할부 상환에 드는 비용을 지불할 수 있을 만큼 돈을 잘 벌어야 한다는 사실이었다.

　　은행은 인위적으로 수요를 창출하기 위해 그럴 만한 능력이 없는 사람들에게도 주택 구입 자금을 빌려 주었다. 그들은 사람들에게 가지고 있는 돈이 얼마나 되는지 그리고 얼마나 돈을 많이 버는지와 상관없이 누구나 대출을 받을 수 있다고 말했다. 미국인들은 단숨에 그 제안에 달려들었다. 그러자 갑자기 무서운 속도로 건물이 지어지기 시작했다. 그야말로 건설 열풍이 일어난 것이다. 짧은 시간 안에 새 집들이 수없이 들어차 하루아침에 신도시를 형성했다. 자기 소유의 집을 꿈꾸었지만 구입할 경제적인 능력이 없었던 사람들은 은행의 제안이 자신들의 꿈을 실현할 절호의 기회라고 여겼다.

그렇게 해서 건설업 관련 주식은 순식간에 주가 상승을 기록했다. 처음에는 모든 사람이 기뻐했다. 새로 주택을 보유하게 된 사람들은 자신의 새집 때문에 행복했고, 건설업계에서는 공사 계약이 많아 행복했으며 주식 투자자들은 돈을 많이 벌어서 행복했다. 심지어는 자동차 기업도 이익을 보았다. 부동산 열풍으로 자동차 판매량이 줄긴 했지만 건설 쪽 주식에 투자해서 얻은 이익으로 자동차 시장에서 줄어든 수입을 만회할 수 있었기 때문이다. 실제로 대규모 자동차 제조 회사들은 2000년대 초반에 그들의 자동차 판매 수익보다 더 많은 돈을 주식 투자를 통해, 특히 미국의 부동산 주식을 통해 벌어들였다.

이제 2008~2009년 경제 위기를 발생시킨 마지막 단계를 말할 차례다. 인위적으로 창출된 수요에 힘입어 일기 시작한 건설 붐이 위태로운 상황에 처해 있었음은 분명한 사실이다. 얼마 지나지 않아 부동산 시장은 모래 위에 지은 집처럼 무너져 내리고 말았다. 인위적으로 창출된 부동산 수요 덕분에 큰 성공을 거둔 은행가들은 어떻게 하면 이익을 더 많이 볼 수 있을지를 궁리한 결과, 방법을 찾아냈다. 그 방법은 이후에 2008년 가을에 경제를 붕괴시킨 주범으로 여겨진다.

여기서 우리는 은행이 주식을 구입하는 것의 동기가 순수하게 어딘가에 사용하기 위해서가 아니라, 조만간 가격이 상승할지도 모른다는 기대로부터 발생했다는 사실을 염두에 두어야 한다. 은행의 입장에서는 어떤 주식을 사는 일이 중요한 것이 아니라 주식 값이 올라서 다시 파는 일이 중요하다. 다시 말해 주식 구입을 통해 돈을 버는 것이 중요하다. 이런 이유로 부동산을 취급하는 미국 은행가는 새로운 부동산 관련 상품을 개발해 낸다. 그 중에서도 가장 유명한 사람은 주택 융자 채권 거래를 고안한 블라이드 매스터즈(Blythe Masters)라는 젊은 여성이다.

주택 구입을 위해 융자를 받은 사람은 순식간에 수백만 명에 이르렀다. 온 세상이 부동산 관련 주식을 사려고 하는 바람에 주택 가격은 계속 상승했다. 주택 융자 원리금 상환에는 아무런 문제도 없는 것처럼 보였다. 주택은 점점 비싸졌고 주택을 보유한 사람들도 그에 따라 점점 부유해지는 것처럼 보였다. 그런 추세를 이용한 은행들은 자신들이 대출해 주었던 주택 융자금을 주식 시장에 새로운 상품으로 내놓았다. 이는 누군가가 돈을 빌리면서 써 준 차용증 혹은 채권을 파는 것과 비슷한 행위였다. 여기서 특별한 역할을 담당했던 은행은 리먼 브라더스 은행과 JP 모건 은행이었다. 주택 융자를 받은 사람이 빚을 갚아야 할 대상은 이제 더 이상 은행이 아니라 주택 융자 채권을 구입한 사람이었다. 이런 거래에서는 보통 주택 융자를 받은 사람이 실제로는 전부 다 원리금을 상환하지는 못한다는 것을 전제로 한다. 따라서 채권을 팔 때는 이자를 포함해서 융자금 전액이 회수되었을 때의 액수보다는 낮은 가격에 거래가 이루어진다. 왜냐하면, 주택 융자를 받은 사람이 파산해서 융자금을 갚지 못할 경우에 따르는 위험 부담은 이제 채권을 구입한 사람의 몫이기 때문이다.

좀 더 분명한 설명을 위해 예를 하나 들어보자. 10명이 은행에서 100유로짜리 채권을 하나씩 구입했다고 치자. 채권에 적힌 금액이 모두 상환된다면 1,000유로가 될 것이다. 하지만 상환이 제대로 이루어지지 않는 경우도 있기 때문에 은행은 그 열 장의 채권을 600유로에 판다. 다행히 모든 사람이 빌린 돈을 갚는다면 채권을 구입한 사람이 이익이다. 그러나 돈을 갚는 사람이 여섯 명이 안 되면 채권을 산 사람은 손해를 보게 된다.

수많은 사람들의 주택 융자금이 채권 증서의 형태로 판매되었다. 이 채권 증서는 마치 100장씩 묶인 종이 다발처럼 거래되었다. 그리고 얼마 지나지 않아 채권 증서를 소유한 사람들은 주식회사를 설립한 후 주식 시장에 진출해 자신의 회사 주식을 팔았다. 누가 주택 융자 채권을 상품으로 하는 회사의 주식에 관심이 있었을까? 그 채권의 가치가 상승할 것이라고 예상하는 사람이라면 누구나 관심이 있었다. 그리고 그 당시 사람들은 누구든지 그렇게 예상했다. 주택 값이 계속 상승하고 있으니 대부분의 주택 구입자가 융자금을 상환할 것이라고 생각했기 때문이다. 주택 융자 채권의 판매는 마치 경마장에서 마권을 살 때 승률을 따지는 것처럼 얼마나 많은 채무자가 융자금을 상환할지를 걸고 내기를 하듯이 진행되었다.

　　　　한동안 이 사업은 호황을 누렸다. 부동산 가격의 상승은 지속됐고, 그로 인해 주택 융자 채권 주식도 상승세를 유지했다. 전 세계가 그 덕분에 돈을 벌었다. 독일의 은행들도 미국의 이 부동산 주식에 엄청난 액수의 돈을 투자했다. 이런 일이 진행되는 동안에 부동산 가격과 부동산 관련 주식의 가격은 어찌나 높게 치솟았는지 주택들의 실제 가치가 결코 그 가격과 맞지 않는다는 사실은 분명했다. 이제 사람들은 오로지 급속하게 치솟는 가격을 이용해 이익을 보겠다는 목적으로 부동산과 부동산 관련 주식을 구입했다.

　　　　그렇게 되자 가격은 또 다시 상승했고, 이런 현상은 위를 향해 빙글빙글 돌아가는 나선 모양처럼 계속되었다. 한동안 호황을 누렸던 부동산 시장과 부동산 관련 주식 시장은 주택을 구입한 사람들 중 자기가 상환 능력이 없는데도 융자를 받았다는 사실을 깨닫는 사람들이 생겨나면서 흔들리기 시작한다. 그들은 지불할 수 없는 상태가 되어 주택 융자 할부금을 더 이상 낼 수가 없었다. 새로 주택을 구입한 다른 많은 사람들에게도 비슷한 일이 일어났고, 주택 융자 할부금을 내지 못하는 사람들은 점점 더 많아졌다. 부동산 관련 주식을 보유하고 있던 사람들, 특히 주택 융자 채권 주식을 샀던 사람들 가운데 일부가 낌새를 차리고, 재빨리 그들의 주식을 처분했다. 그들은 부동산 관련 주식의 가격이 실제 가치보다 훨씬 더 높게 책정되어 있음을 잘 알고 있었기 때문에, 자신들이 갖고 있는 주식 가격이 하락할 것을 예상했기 때문이다. 사람들이 주식을 처분하자 즉시 다른 사람들도 그들의 뒤를 이었다. 부동산 주식 시장에 몰렸던 천문학적 숫자에 달하는 자금은 순식간에 줄어들어 주식 값이 아이 용돈 수준의 가격으로 떨어졌다. 부동산 열풍은 일어났던 속도만큼이나 빠르게 꺼져 버렸다.

이제 정치가들과 경제학자들이 왜 2008~2009년의 경제 위기의 책임을 주식 투기꾼 탓으로 돌리는지 이해가 갈 것이다. 물론 그들의 주장에도 일리가 있다. 당시에 일어난 몇 가지 사태는 범죄 행위나 다름없다. 대출금 상환 능력이 없을지도 모르는 고객에게 대출을 해 주어 결국 파산 상태로 몰아넣는 것은 사기 행위와 마찬가지다. 하지만 사람들이 특히 분노했던 것은 주택 융자 채권을 상품으로 거래한 은행의 행위였다. 왜냐하면, 그들은 채권을 팔 때 융자금을 갚기로 되어 있는 사람이 그럴 만한 경제적 능력이 있는지에 관한 정보를 제공하지 않았기 때문이다.

하지만 당시 일어난 일을 그렇게 분석한다는 것은 사실 충분하지 않다. 사태의 핵심은 사기 행각을 벌인 몇몇 은행가가 아니라 경기 순환 곡선에 있다. 자동차가 성공적인 주도산업 부문으로 큰 비중을 차지했던 시기가 끝나가고 있었다는 사실, 호황 상태를 인위적으로 연장하기 위해 여러 가지 시도가 행해졌다는 것이 바로 사태의 핵심이다. 경제 위기가 발생한 근본적인 이유는 바로 불황을 향해 후퇴하는 경기였다.

그렇다면 그리스의 재정 위기와 유로 위기의 배후에는 무엇
이 있을까? 이것도 같은 경제 위기인가? 그렇다. 그리고 그 위기는 아
직 끝나지 않았다. 다만 우리는 이 둘을 구별해야 한다. 본질적인 문제
는 유로 위기로 이것은 2010년 이래 유로존에 포함된 많은 국가들이
파산을 피하기 위해 실시한 정책들 때문에 발생한 것이다. 왜냐하면
2008~2009년 세계 경제 위기 이후 많은 국가들이 경기 부양책의 일환
으로 많은 부채를 떠안아 더 이상 이자를 지불하지 못하게 되었기 때
문이다. 이미 채무액의 규모가 거대해서 그 국가들에 대출을 해 주려
는 곳도 더 이상 없는데 이는 위험하기 그지없다. 한 국가의 파산은 리
먼 브라더스 은행의 파산이 불러일으킨 것만큼이나 엄청난 파장을 몰
고 올 수 있기 때문이다. 그러므로 경제 위기에 놓인 유로존 국가들이
계속해서 이자 지불을 할 수 있도록 유럽 재정 안정 기금과 유로 안정
화 기구 등의 구제 기금이 지원돼야 한다.

그렇다면 그리스는 어떤가? 그리스는 현재 가장 부채가 많
고 가장 시급하게 지원이 필요한 나라다. 그러나 그리스가 처한 상황
때문에 그리스 국민 전체를 겨냥해 비난을 퍼붓는 것은 부당하다. 물
론 그리스의 정치가 몇몇이 유로를 국가 통화로 도입하는 과정에서 불
미스러운 일을 자행한 한 것도 사실이고, 그리스에서 세금이 적게 걷
히는 것도 사실이다. 그렇다고 해서 부정직한 몇 명의 정치가들과 비
효율적인 조세제도의 책임을 그리스 국민 대다수에게 묻는 것은 지나
치지 않은가.

세계 경제 위기를 이해하는 핵심 경제 용어

경기 순환 곡선 Business Cycle

경제에서 생산과 소비 활동이 활발한 호황과 그러한 경제 활동이 침체된 불황이 일정한 주기를 가지고 번갈아 발생하는 과정을 가리키는 말이다. 경기 순환은 정기적이고 예측 가능한 간격으로 발생하지는 않지만 경제학자들은 대략 40개월을 주기로 반복된다고 말한다.

경기 순환 곡선은 보통 4개의 단계를 거친다. ① 경기가 상승해서 서서히 회복되는 회복기, ② 경기 상승의 꼭대기라고 할 수 있는 정점, ③ 경기가 서서히 침체되는 후퇴기, ④ 경기가 바닥을 치고 다시 올라오기 직전인 저점이다. 흔히 정점을 활황, 저점을 불황 또는 심각한 경제 침체일 때는 공황이라고 말한다.

주식 Stock

주식은 주식회사가 발행한 출자자(주주)의 지분을 말한다. 기업은 대규모의 자금을 장기간 필요로 하기 때문에 다수의 사람들에게 주식을 발행하여 자금을 조달한다. 주식을 소유한 사람은 주주가 되어 기업의 운영 및 이익 배당 등에 대해 주주로서의 권리를 행사할 수 있게 된다.

채권 Bond

채권이란 정부, 지방 자치 단체 및 주식회사 등이 다수의 사람들로부터 직접 자금을 조달하기 위하여 발행하는 일종의 차용 증서이다. 채권을 발행한 기관은 채권 만기일에 채권 금액을 이자와 함께 갚아야 한다.

공황 Panic

공황이란 실제 위험 상황에 빠졌을 때 생명을 보호하기 위해 반사적으로 생기는 공포 반응을 말하지만, 경제 용어로서의 공황은 자본주의 체제 자체를 뒤흔들 정도의 불황을 의미한다.

도산 Bankruptcy

기업이 재정적으로 파탄의 상황에 이르러 망하는 것을 의미한다. 공장이나 기계 설비 등 고정 설비에 대한 투자 계획이나 제품의 판매 계획 등이 실패하여 자금 경색에 직면하게 되는 형태로 나타난다.

디폴트 Default

채무자가 이자 지불이나 원리금 상환을 계약에 정해진 대로 이행할 수 없는 상황을 말한다. 채무자가 민간 기업일 경우, 디폴트의 원인으로 기업 경영의 부진과 도산 등이 있다.

모라토리엄 Moratorium

국가나 지방자치단체가 외부에서 빌린 돈을 일방적으로 만기에 상환을 미루는 행위를 통칭한다. 천재지변이나 경제 공황 등에 의해 경제계가 혼란스럽고, 채무 이행이 어려워지게 된 경우에 국가가 공권력에 의해 일정 기간 채무의 이행을 연기, 또는 유예하는 것을 말한다.

신용 경색 Credit Crunch

금융 기관에서 돈이 제대로 공급되지 않아 기업들이 어려움을 겪는 현상을 말한다. 신용 경색 현상이 발생하면 기업들은 자금 부족으로 인해 정상적인 경영이 어려워지고, 무역업체들도 수출입 활동에 큰 제약을 받게 된다. 금융 시장에 공급된 자금의 절대량이 적거나 자금의 통로가 막혀 있을 때 발생한다. 우리나라도 IMF 이후 극심한 신용 경색으로 인해 상당수의 기업들이 도산한 경험이 있다.

서브프라임 모기지 Subprime Mortgage

신용 등급이 낮은 저소득층을 대상으로 주택을 살 때 필요한 자금을 대출해 주는 미국의 주택 담보 대출 상품. 우리말로 '비우량 주택담보 대출'이라고 한다. 신용도가 낮기 때문에 우대 금리보다는 높은 금리가 적용된다.

여덟 번째
질문

국가는 경제에
끼어들면
안 될까?

밀턴 프리드먼의 답

146

(그레타와 그녀의 사촌 안나는 경제 여행에서 돌아와 잠시 휴식을 취하느라 무
대를 K씨에게 넘겨준다. 이 까다로운 K씨는 삶의 의욕을 거의 상실할 지경이
었는데, 다행히 밀턴 프리드먼이 그를 모든 족쇄로부터 해방시켜 준다.)

여기서 한 가지 고백할 것이 있다. 이 장에서 소개하려고 하는
경제 이론을 전체적으로 이해하고 있긴 하지만 거기에 쓰이는 공식은
잘 모른다는 사실이다. 경제 이론은 거의 수학 공식의 형태로 표현된
다. 이론의 세부 내용을 전개하는 데 사용되는 공식은 너무 복잡해서
제대로 수학 공부를 한 사람들이나 이해할 수 있다. 이런 점에서 케인
스의 이론도 예외는 아니다. 사실 케인스는 수학자이기도 했다. 하지
만 케인스는 다행히 중요한 사실을 기억하고 있었다. 수학 공식을 사
용해서 설명하는 경제 이론도 그 바탕이 되는 기본 개념은 간단하게
말로 나타낼 수 있다는 점이다. 케인스는 수학 공식을 쓰지 않고도 자
신의 복잡한 이론을 소개하는 데 뛰어난 능력을 보였다.

경제도 물리 못지않게 숫자와 연관이 많다. 이런 이유 때문에 많은 사람들이 경제 현상을 이해할 수 없다고 생각한다. 그러나 이는 잘못된 생각이다. 모든 종류의 인간 행위를 비록 그것이 자연법칙과 아무런 상관이 없을지라도 숫자로 표현할 수 있는 사람은 극소수에 지나지 않는다. 예를 들어 연구 목적을 위해 1,000명을 대상으로 이메일을 얼마나 자주 쓰는지 그리고 누구에게 쓰는지를 조사한다고 하자. 이런 방식으로 우리는 숫자로 된 자료를 수집한 후 상관관계를 밝히고 그것을 숫자로 나타낸다. 우리는 젊은 연령대일수록 이메일을 사용하는 횟수가 많아진다는 사실을 확인할 수 있을 것이다. 또한 교육수준이 높을수록 이메일을 더 빈번하게 사용한다는 결과를 얻을 수 있을 것이다. 하지만 우리는 어떤 특정한 사람이 정확하게 언제 이메일을 쓰는지는 결코 미리 말할 수 없다. 마찬가지로 우리는 개별적인 각각의 상황에서 어떤 사람이 경제적으로 어떻게 행동할지 예측할 수 없다. 통계적 확률에 근거하여 그가 아마도 이것저것 할 것이라고 말할수는 있겠지만 그 이상은 결코 아니다.

따라서 경제 이론에 나오는 공식을 전부 이해하지는 못한다고 해도 괜찮다. 공식의 배후에 있는 것은 경제 현상 사이의 연관성인데 숫자 없이도 나타낼 수 있으며, 어쩌면 숫자 없이 더 잘 나타낼 수 있기 때문이다. 사실 어떤 사람이 눈앞에 숫자가 가득 적혀 있는 표를 들이미는 것보다는 그냥 젊은 사람이 나이 든 사람보다 이메일을 더 자주 사용한다고 말해 주는 것이 더 낫지 않은가!

이제 이 장에서 원래 다루려고 했던 문제로 돌아가 보자. 그
것은 어떤 의미에서는 과거로의 회귀다. 사회적 시장 경제를 지지하
는 경제학자들은 제2차 세계 대전이 끝난 후 시장 경제 체제에서 발생
하는 불평등을 감소시킬 수 있는 강력한 국가가 필요하다고 강조했
다. 케인스는 국가가 경제 위기 상황에서는 자금을 풀고, 경기가 호황
일 때는 긴축 재정을 실시함으로써 경기 순환을 조정해야 한다고 주
장했다. 그러나 1980년대 이후 케인스를 비롯한 학자들의 이론이 현
실에 적합하지 않다는 의견이 대두됐는데, 특히 이 장에서 소개하는
경제학자들이 그런 의견을 주도했다. 밀턴 프리드먼(1912-2006)은 국가가 가능
한 한 경제에 개입하지 말아야 한다고 확신했다. 그의 생각에
대해 과거로의 회귀라고 말한 것은 제2차 세계 대전 전에 이미 그런
주장이 제기된 적이 있기 때문이다. 당시에도 시장이 아무런 제재도
받지 않고 완전히 자유롭게 움직일 때 모든 사람들에게 유익할 것이
라는 주장이 팽배했다.

밀턴 프리드먼이 그러한 결론에 이르게 된 연유는 무엇일
까? 그의 입장을 이해하기 위해 이번에는 그레타와 사촌 대신 다른 사
람이 등장하는 이야기를 살펴보기로 하자.

K씨의 시장 경제

옛날에 작은 왕국이 하나 있었다. 그 왕국에는 K씨라는 아주 까다로운 사람이 살고 있었다. 그는 믿을 수 없을 만큼 지배욕이 강하고 무자비한, 사회적 약자를 고려하지 않는 사람이었다. 그가 추구하는 단 한 가지 목표는 경제적인 이익을 취하는 것이었다. 그것이 바로 그가 밤낮을 가리지 않고 열심히 일하는 이유였으며 그것을 위해서라면 그는 어떤 일도 서슴지 않았다.

함께 지내기엔 결코 편한 사람이 아니었지만 왕국 사람들은 K씨가 쓸모 있는 사람이라는 사실을 알았다. 그에게 주도권을 주기만 하면 돈을 벌 새로운 방법을 얼마든지 찾아내기 때문이다. 그는 무척 활동적이어서 어느 기업이라도 기반을 잡게 만들 능력이 있었다. 이런 이유에서 국왕은 그를 경제 장관으로 임명했다.

이미 짐작했겠지만 이 이야기에 등장하는 K씨는 자본주의 시장 경제다. 프리드먼의 경제 이론에서 핵심이 되는 주장은 사회적 시장 경제나 케인스 식의 경기 부양책이 경제 성장에 막대한 지장이 있다는 것이다. 그의 주장을 좀 더 자세히 검토해 보기로 하자.

프리드먼은 사회적 시장 경제를 옹호하는 질서자유주의 이론가들이 경제 성장을 위해서는 시장 경제가 필요하다는 사실은 인식했으면서도, 시장의 기능을 너무 가볍게 여겼다고 비난했다. 시장 경제가 제 기능을 발휘하려면 어떤 간섭이나 제재도 하지 말아야 한다는 것이다. 프리드먼의 주장에 따르면 사회적 약자를 보호하기 위한 정책도 결국은 시장에 대한 간섭이다. 국가에서 실업 수당을 지급하는 한, 사람들은 경우에 따라 더 이상 노동력을 팔려고 하지 않는다는 것이다. 이는 곧 수요와 공급의 관계에 따라 가격이 결정되어야 할 노동력이라는 상품에 대한 간섭이다.

국가에서 환경 보호법을 제정하는 경우 또한 시장에 대한 간섭이다. 왜냐하면 그 법은 결국 환경 오염이 발생할 수밖에 없는 모든 기업 활동을 제한하기 때문이다. 따라서 환경 보호법이나 실업 수당 과 같은 사회 정책은 장기적으로 볼 때 시장 경제가 어느 시점이 되면 더 이상 성장하지 않게 만든다. 그렇게 되면 당연히 새로 지어지는 공장도 없을 테고 경기가 상승세일 때 높은 임금이 보장되는 일자리가 생길 일도 없게 된다.

이렇게 볼 때 프리드먼이 사회적 시장 경제 체제를 지지하

지 않았다는 점은 분명하다. 그는 케인스의 경기 부양책 또한 지지하
지 않는다. 그가 경제 위기 상황에서 경기 회복을 위한 국가 지출을 늘
려야 한다는 케인스의 생각에 반대하는 이유는 간단하다. 그 방법이
1970년대에 전혀 실효를 거두지 못했기 때문이다. 당시의 상황은 마
치 저주를 받은 것 같았다. 경기 부양책을 통해 실업 문제를 해결하려
는 노력에도 불구하고 실업률은 꾸준히 상승했다. 사실 독일은 오랫동
안 경기 부양책이 필요하지 않았다. 전후에 이룬 라인강의 기적 덕분
에 거의 20년 동안이나 지속적인 경제 성장을 달성했기 때문이다. 전
쟁으로 파괴된 나라에 세탁기나 자동차, 냉장고, 라디오 등 공산품을
공급하려면 많은 인력이 필요했으므로 실업은 존재하지 않았다. 그러
나 1960년대 후반에 이르자 성장은 거의 멈추었다. 무슨 일이 일어난
걸까?

　　　바로 앞 장에서 설명한 경기 순환을 생각해 보면 이 질문에
대한 대답이 떠오를 것이다. 중요한 원인은 바로 시장이 포화 상태가
되었다는 사실이다. 모든 가구가 필요한 모든 것을 갖추게 되었다. 경
제 위기를 타개하기 위하여 정부는 메이너드 케인스가 제안한 경제 정
책을 수용하여 부채를 통해 실업을 저지하려고 했다. 하지만 당혹스럽
게도 케인스의 방법은 효과가 없었으며 실업은 증가했다. 그리고 경기
가 어느 정도 회복되었을 때에도 실업률은 여전히 그 이전과 마찬가지
로 높았다. 이는 충격적인 상황이었다. 알고 있는 유일한 처방이 듣지
않는데 도대체 어떻게 할지 몰라 모두가 혼란에 빠졌다.

밀턴 프리드먼은 새로운 처방을 내놓았다. 그는 실업 발생의 우선적인 원인이 경기 후퇴라는 생각은 잘못이라고 말한다. 실업을 발생시키는 주요 원인이 경기가 어려울 때는 임금이 약간 줄어드는데, 사람들이 이를 견디지 못하고 임금 수준이 더 나은 일자리를 구하려고 다니던 직장을 그만두는 데 있다고 지적한다. 프리드먼은 이를 '자발적 실업'이라 부른다.

프리드먼은 국가가 경기 부양을 위해 부채를 지는 것은 시장 경제가 새로운 주도산업을 개발해 성장을 늦춘다고 주장한다. 앞에 나온 짧은 이야기에서 보았듯이 국가의 개입은 시장의 자연스러운 발전을 저해하고, 그 결과 실업률은 좀처럼 떨어지지 않는다. 국가의 간섭으로부터 경제를 자유롭게 풀어 놓아 원기를 회복하도록 해 준다면 경제는 짧은 시간 안에 성장할 것이며 사람들은 다시 일자리를 얻게 될 것이라는 논리다.

국가에서 부채를 통해 지출을 늘리면 왜 시장 경제에 제동이 걸리는 것일까? 케인스는 사람들이 상품을 많이 구입해 상품에 대한 수요가 커지면 시장 경제는 원활한 기능을 유지할 것이라고 보았다. 그리고 충분한 수요가 존재하려면 사람들의 주머니에 돈이 있어야 한다. 그렇게 하는 가장 간단한 방법은 사람들이 돈을 벌 수 있도록 국가가 일자리를 제공하는 것이다.

프리드먼은 이와 정반대 이론을 내세웠다. 그는 경기를 회복시키는 것은 수요가 아니라 공급이라고 주장했다. 무슨 뜻일까?

밀턴 프리드먼 ➜ 경기가 후퇴기에 들어서고 기존의 주도산업이 제 역할을 다하지 못하면 경제를 이끌 새로운 주도산업이 필요하다. 그러기 위해서는 다양한 아이디어를 가지고 있고, 그 아이디어들을 시도해 볼 수 있는 사람들이 필요하다.

그렇지 않으면 경제 위기는 끝나지 않을 것이다. 새로운 주도산업을 찾아낼 수 있도록 사람들이 가능한 한 많은 사업을 시도하게 만들려면 어떻게 해야 할까? 새로운 사업을 시도하는 일을 최대한 수월하게 만들어 주어야 한다. 이는 곧 국가에서 임금이 너무 높게 책정되지 않도록, 그리고 기업의 사회 비용 부담이 너무 크지 않도록 조정해 주어야 한다는 뜻이다. 또한 지나치게 많은 환경 보호법이 새로운 사업에 장애가 되지 않도록 하고, 실업은 그대로 방치해도 된다. 그래야만 노동자가 낮은 임금에도 기꺼이 일할 뿐더러 동기 부여도 더 잘 될 것이기 때문이다. 간단히 말해 프리드먼의 주장에 따르면 수요가 창출되어야 하는 것이 아니라, 가급적 빨리 새로운 주도산업이 개발되어 공급이 창출돼야 한다는 것이다. 그 결과로 경기가 회복되어 모든 사람들이 충분한 임금이 보장되는 일자리를 갖게 되면 주머니에 쓸 수 있는 돈이 늘 것이고, 그렇게 되면 수요는 저절로 늘어날 것이라는 논리다.

프리드먼의 이러한 주장은 설득력이 있는가? 아니면 사회적 약자를 고려하지 않은 입장인가? 그의 경제 이론에 대한 평가는 크게 두 갈래로 나뉜다. 전 세계의 경제학자들은 프리드먼의 입장에 동조하는 쪽과 반대하는 쪽으로 나뉘어 오늘날까지도 서로 팽팽하게 맞서고 있다. 많은 국가에서 정치적으로 프리드먼 이론에 대한 찬반양론이 대립하는 것을 볼 수 있다. 대부분 한 쪽에는 자유주의자가 그리고 다른 쪽에는 사회민주당이 있는데 후자는 사회적 평등을 지지한다. 반면에 전자에 속하는 자유주의자들은 정부의 간섭을 최소화하기 위해 애쓴다.

지난 몇 십 년 동안 전 세계에 신자유주의 경제 이론이 우세했다. 1980년대 이후 거의 대부분의 서방 국가에서는 프리드먼의 이론에 입각하여 경제 체제를 개편하기 시작했다. 이는 짐작하다시피 매우 큰 규모의 변화였다. 경제 정책이 전면적으로 수정되어야 했기 때문이다. 사회적 약자, 즉 어린이와 실업자, 병자, 빈곤층에 대한 정부의 지원은 대부분 축소되었다.

특히 이 정책을 강경하게 실시한 나라는 영국의 마가렛 대처 정부와 미국의 로널드 레이건 정부였다. 그들은 사회적 약자를 위한 지출을 거의 중단했을 뿐만 아니라 기업 활동에 대한 정부 차원의 많은 제한들을 거의 철폐했다. 그 대표적인 예가 환경을 보전하기 위해 그리고 노동자들의 권리를 보호하기 위해 제정된 법이다. 기업주들은 이제 카를 마르크스 생전과 거의 다름없이 시장에서의 필요에 따라 노동자를 고용하고 해고할 수 있었다. 게다가 노동자에게는 최저 생계비 수준에도 못 미치는 임금을 지급했다.

독일은 경제 이론과 경제 정책 면에서 신자유주의 입장의 영향을 비교적 적게 받았다. 이는 무엇보다도 1945년 이후 도입된 사회적 시장 경제 체제가 20년 동안 만족할 만한 성과를 거두었기 때문이다. 독일에서도 기업에 대한 정부의 간섭을 억제하려는 시도가 있긴 했지만, 동독과 서독의 통일 이전까지는 그다지 성공하지 못했다. 그러나 통일 이후 1990년대부터 독일 역시 다른 서방 국가(미국과 서유럽의 자유주의 국가를 동유럽의 공산 국가에 상대하여 이르는 말)와 마찬가지로 신자유주의 경제 이론에 입각한 경제 정책을 수립하기 시작했다.

교과서 속 경제 개념

뉴딜 정책과 수정 자본주의
미국의 32대 대통령인 프랭클린 루스벨트가 1929년 미국에서 시작된 대공황을 극복하기 위해 추진한 일련의 경제 정책. 정부의 투자를 통해 테네시 강 유역을 개발하고, 산업 부문마다 공정 경쟁 규약 제정을 통해 불공정 경쟁을 방지하였다. 뉴딜 정책은 정부가 시장에 직접 개입하는 '수정 자본주의'가 탄생하는 계기가 됐다.

신자유주의
국제적으로는 자유 무역을 확대되고, 국내적으로는 규제의 완화와 공기업의 민영화를 통한 작은 정부를 지향하는 경제 체제. 실업자·빈민·소수 민족 등의 사회적 약자에 대한 복지 혜택은 줄어들고, 노동 시장의 유연성이 강조되어 노동자들의 지위가 약화된다는 비판이 제기되고 있다.

경제는
세상을 어떻게
변화시키는가
?

그레타는 부모님이 안 계시는 동안 동생들과 함께 집에 남게 된다. 그레타는
그사이 그동안은 보여 주지 않던 모습을 보여 주며 못되게 행동한다. 그러나
결국 착하고 친절한 그레타로 돌아온다. 우리 모두 조금은 그레타와 비슷하지
않은가. 그랬으면 좋겠다!

지금까지 우리는 18세기 이후부터 최근에 이르기까지 중요
한 경제학자들의 이론을 살펴보았다. 이제 오늘날의 경제학자들이 다
루고 있는 문제들은 무엇인지 알아볼 차례다. 하지만 현재 과거 어느
때보다 많은 경제적인 쟁점들이 난무하고 있어서, 그것을 간단하게 소
개하는 데만도 100쪽 이상은 더 필요할 것이다. 더군다나 경제학자들
은 오늘날의 경제 현상에 대한 대답보다 질문이 더 많은 상황이다. 우
리는 현재 벌어지고 있는 사태의 목격자이지, 그 사태가 지나간 후에
되짚어 고찰할 수 있는 평가자가 아니기 때문이다. 하지만 이런 제약
에도 불구하고 오늘날의 경제학자들은 해결책을 찾느라 고심하고 있
다. 우리는 그 문제가 어떤 것들인지 알 필요가 있다. 이 문제에 대한
해결책은 종종 과거 경제학자들의 이론을 참고하여 제시되기도 한다.

그 가운데 몇 명은 우리가 이미 이 책에서 다루었던 학자들이다. 최근 구스타프 폰 슈몰러와 알렉산더 뤼스토프의 이름은 거의 매일 신문 지상에 거론되고 있다. 이는 지난 30년 간 위세를 떨쳤던 신자유주의 경제 이론가들이 꿈에도 예상치 못했을 현상이다. 그렇다면 오늘날 경제학자들이 고민하고 있는 문제는 과연 무엇일까?

제일 먼저 떠오르는 문제는 당연히 세계 경제 위기일 것이다. 최근 가장 심각한 문제 중 하나로 지적되고 있기 때문이다. 그러나 나는 그것이 유일한 문제라고 생각하지 않을 뿐 아니라 오늘날 경제학자들이 직면한 가장 심각한 문제라고 여기지도 않는다. 그리고 어차피 그 문제는 해결책을 찾는다 해도 한계가 있다. 경기 순환의 법칙에 지배되는 경제 체제에서 경기 후퇴는 발생할 수밖에 없고, 해결책은 후퇴로 인한 타격을 경감시키는 데 그칠 뿐이기 때문이다. 자본주의 체제를 완전히 포기하지 않는 한 경기 후퇴 혹은 불황으로 인한 경제 위기는 결코 사라지지 않을 것이다.

금융시장을 감독하는 문제와 탐욕스러운 경영자들의 수익을 제한하는 문제를 둘러싼 열띤 논쟁은 어떠한가? 이 요란한 논란은 정부에서 경영자들의 탐욕을 억제하기 위해 최소한의 노력을 하고 있다는 인상을 주기 위한 것으로 보인다. 하지만 어쩌면 물이 강에 속하듯 경기 회복기에 나타나는 과열된 투기 역시 자본주의 체제의 일부일 것이다. 우리가 할 수 있는 일은 앞으로 닥칠 최악의 사태가 낳게 될 피해를 최소화하는 것뿐이다.

경제가 성장하면 우리는
행복해질까?

어쨌든 정부는 최근의 경제 위기를 겪으면서 몇 가지 교훈을 얻었고 우리 모두가 현재로서는 그 덕을 보고 있다. 경기가 불황일 때는 국가에서 자금을 지원하는 사업들을 통해 일자리를 제공하는 것이 불황으로 인한 충격을 감소시키는 대책이라는 것을 안다. 또 기업은 대량 해고를 감행하지 않고도 불황이라는 한파를 견뎌낼 수 있도록 근로자를 단기적으로 고용한다. 이 방법들은 독일에서 이미 큰 성과가 있었다.

또한, 정부에서 은행에 저금리 대출 자금을 지원해 줌으로써 은행이 대출을 하지 않아 도미노처럼 파급되는 경제 위기를 방지할 수 있었다. 경제 위기를 타개하는 과정에서는 위험한 경로를 피하는 일이 무척 중요하다. 특히 앞에서 언급한 국가 채무로 인한 위기를 잘 타개하는 것은 무척 중요하다. 하지만 어느 시점에 국가의 지출을 다시 억제해야 할까? 적절한 시점은 사실 추측할 수밖에 없다. 국가 지출을 너무 일찍 줄이면 회복하기 시작한 경기를 다시 위축시킬 것이다. 그렇다고 해서 너무 늦게까지 기다리면 또 다른 위험한 상황, 즉 인플레이

선에 빠지게 될 가능성이 크다. 통화량이 너무 많으면 화폐 가치가 하락하기 때문이다.

사태를 좀 더 중립적으로 바라보면 인류가 과거 경제 위기를 극복했듯이 오늘날의 경제 위기도 극복할 것이라 예상할지도 모르겠다. 하지만 우리 경제 체제에서 경제 위기만큼 자주 언급되지는 않았지만 경제 위기보다 훨씬 더 위험한 다른 문제들이 있다. 그 중에서도 특히 위험한 세 가지 문제가 있는데 기상 변화로 인한 위기, 환경 파괴 그리고 불평등의 심화이다.

기상 변화가 가져온 위기는 일반적으로 경제 체제로 인한 결과라기보다는 에너지원 확보에 따른 기술적인 문제로 간주된다. 하지만 이는 경제 체제가 우리에게 서서히 위험한 존재가 되어 간다는 사실을 간과한 데서 비롯한다. 자본주의 시장 경제의 위험성은 그것이 우리 인류의 근본적인 삶의 토대를 파괴한다는 데 있다. 기상 변화로 인한 문제를 해결하지 못한다면 조만간 이 지구상에는 소수만 살아남게 될 것이다. 나머지는 굶어 죽거나 익사하거나 혹은 마실 물이 없어 죽게 될 것이다.

우리는 지난 150년 동안 유지되어 온 자본주의 경제가 기상 변화에 따른 문제 외에도 시급하게 해결해야 하는 다른 문제들을 일으켰다는 사실을 알아야 한다. 쓰레기와 오염 물질 문제가 그 대표적인 예다.

먼저 쓰레기 문제부터 생각해 보자. 내가 열다섯 살쯤 되었을 때 부모님이 여행을 가셔서 집을 지킨 적이 있었다. 혼자 집에 남아 있었던 것은 처음이라 무척 신이 났다. 마음 내키는 대로 요리도 해 먹고 사 먹고 싶은 것도 잔뜩 사 먹으며 가끔은 음식을 배달시키기도 했다. 포장 용기나 남은 음식물은 쓰레기통에 던졌다. 쓰레기통이 꽉 찼지만 바로 비우지도 않았다. 뭐라고 할 사람도 없으니 마냥 게으름을 피운 것이다. 게으름을 피우다 보니 쓰레기통은 비우지도 않고 쓰레기를 통 옆에 그냥 쌓아 놓았다. 그러던 어느 날 나는 작은 쓰레기 하나를 더 놓으려다가 잘못해서 쓰레기 더미를 쓰러뜨리고 그 옆에 있던 꽉 찬 쓰레기통까지 엎어 버렸다. 그 바람에 식당 바닥은 온통 음식물 찌꺼기와 쓰레기로 뒤덮이고 말았다.

일찍부터 산업화에 성공하고 자본주의 경제 체제를 도입해 온 서방 국가가 지난 100년 동안 취한 태도는 내가 했던 행동과 별로 다르지 않다. 그리고 지금 이 순간 우리는 그 결과로 생겨난 온갖 쓰레기가 금방이라도 우리 발등에 떨어질 지경이라는 사실을 깨닫고 경악한다. 집에 있는 쓰레기통은 내가 비우면 쓰레기차가 와서 치워 가지만 우리의 경제 체제에서 생겨난 쓰레기는 어디로 치운단 말인가?
어느 정도 기간 동안 우리는 마치 자본주의 사회의 쓰레기를 처리할 장소가 있는 것처럼 행동했다. 우리가 만든 쓰레기는 우리 사회에 쓰레기 처리장이 부족해지자 가난 때문에 우리 요청을 거절할 수 없는 국가들로 보내졌다. TV 뉴스나 신문 기사를 통해 빈곤한 나라의 어린이들이 악취를 풍기는 쓰레기 하치장에서 생활하는 모습을 본 적이 있을 것이다. 거기 있는 것은 많은 경우 서방 국가에서 만들어 낸 쓰레기다. 최근에는 그런 방법도 더 이상 통용되지 않는다. 이제 서방 국가가 만들어 낸 쓰레기는 어디에서도 받아들여지지 않는다.

예를 하나 들어 보자. 얼마 전 태평양의 소용돌이에 휩쓸려 바다 표면으로 떠오른 거대한 쓰레기가 발견됐다. 바다 한복판을 덮고 있는 그 쓰레기의 면적은 자그마치 중앙 유럽(일반적으로 독일, 스위스, 오스트리아를 포함하는 지리상의 범위)만 한 크기였다! 빠른 보트를 타고 태평양을 가로질러 항해하는 사람이 있다고 상상해 보라. 그가 바다 한가운데서 표류하는 쓰레기 더미를 만나면 정상적인 바닷물을 다시 보게 될 때까지 내내 보는 것이라곤 냄새 나는 쓰레기뿐일 것이다!

어떻게 이 사태를 개선할 수 있을까? 이것은 대답하기 어려운 문제다. 사실 우리 경제 체제 전체를 바꾸어야만 해결될 문제라고 할 수 있다. 왜냐하면, 자본주의는 본질적으로 성장을 추구하기 때문이다. 성장을 달성하기 위해서는 매달 더 많은 제품이 생산되어야만 하고, 그러기 위해서는 그 제품들이 오래 사용할 수 없는 것이라야 한다. 다시 말해 그 제품들은 쉽게 망가지거나 얼마 지나지 않아 유행에 뒤떨어져 새로운 제품이 출시되면 교체되어야 한다. 이는 곧 예전 제품들 그리고 그것들의 포장 용기가 폐기 처분의 대상이 된다는 것을 의미한다. 제품을 생산하는 공장에서 배출되는 오염 물질 또한 폐기 처분의 대상이다.

우리 경제 체제가 해결하는 데 완전히 실패한 문제가 또 하나 있다. 다름 아닌 불평등 문제이다. 애덤 스미스에서부터 밀턴 프리드먼에 이르기까지 자유 시장 경제를 옹호하는 모든 경제학자들의 주장은 한결같다. 시장 경제에 자유를 허용할 때 그것은 자동적으로 거기에 참여한 모든 사람들이 결국 경제적으로 더 윤택한 삶을 누릴 수 있게 만들어 준다. 시장의 원리가 작동하여 증가된 부가 모든 사람에게 공평하게 분배되도록 해 줄 거라는 주장이다.

시장 경제 체제가 실제로는 그런 결과를 가져오지 않았다는 사실은 굳이 경제학자가 아니더라도 두 눈으로 분명히 확인할 수 있다. '보이지 않는 손'이라 일컬어지는 시장의 원리가 존재하지 않거나 아니면 영향력을 상실했음에 틀림없다. 온 세상에서 불평등이 점차 줄어들기는커녕 오히려 점점 더 빠른 속도로 증가하고 있기 때문이다. 독일에서도 그렇지만 다른 곳에서는 훨씬 더 심하다. 독일은 전후에 이룬 라인강의 기적 덕분에 짧은 시간 안에 부유한 나라가 되었으며 전 국민이 그 혜택을 보았다. 하지만 이런 추세는 1970년대 이후 서서히 자취를 감추고, 오늘날 우리는 다음 사실을 인정해야만 한다.

경제 성장은 지속되었지만 최근 20년 간 평균적인 국민들의 소득은 더 이상 증가되지 않았다. 그 이유에 대해서는 의견이 분분하다. 하지만 경제학자들은 하나같이 최근에 경기가 완만하게 상승하고 있기 때문에 수익률이 높은 상품에 자본을 투자한다는 것이 점점 더 어려워졌다는 데 원인이 있다고 본다. 투자를 해도 경기 상황이 좋지 않아 수익률이 저조하거나 오히려 손해를 입을 수도 있기 때문이다. 그 여파로 기업들은 자본을 투자하는 대신 인건비 절약을 통해 수익의 증가를 꾀하고 있다. 인건비가 줄어드니 평균적인 국민들의 삶은 더 힘들어질 수밖에 없다.

모두가 알고 있는 비밀

여기서 우리는 선진국들의 생활 수준은 혹시 너무 높은 게 아닌지 질문할 수도 있겠다. 하지만 어째서 그래야 하는가? 사실 누구나, 더 이상 100년 전과 같은 열악한 삶을 원하지는 않을 것이다. 그렇다면 문제는 어디에 있는가? 우리는 사태의 겉모습에 속고 있다. 착취와 불평등은 우리 눈에 보이지 않는 곳으로 이동되었을 뿐이다. 여기서 우리 눈에 보이지 않는 곳은 준공업국(선진 공업국을 따라잡으려는 국가)과 개발 도상국(산업의 근대화와 경제 개발이 선진국에 비하여 뒤떨어진 나라)을 가리킨다. 우리가 구매하는 저렴한 의복과 가정용품의 대부분은 비인간적인 작업 환경에서 어떤 보호도 받지 못하면서 일하는 노동자들이 생산한 것이다. 이 노동자들은 하루에 18시간 정도 일하면서도 월말이면 집세를 낼 돈이 없어 걱정을 해야 하는 사람들이다.

어떻게 이런 사태가 발생했을까? 이 심각한 문제에 대한 해결책을 찾는 대신 두 개의 짧은 이야기를 하려고 한다. 어느 것이 더 현실적으로 가능한지에 대한 판단은 독자 여러분에게 맡긴다.

첫 번째 이야기는 그레타 이야기다. 그레타는 부모님 그리고 동생들과 함께 좋은 집에서 산다. 그녀는 대부분의 십 대와 마찬가지로, 친절하고 착하지만 자기가 원하는 것을 가지려 할 때면 이기적이고 제 욕심만 부릴 때가 있다. 할머니한테서 소포가 오면 그레타는 항상 그 안에 들어 있는 맛있는 과자와 초콜릿을 최대한 많이 차지하려 했고, 때로는 동생들의 몫을 뺏으려 하기도 했다. 아직 자신을 제대로 방어할 줄 모르는 동생들에게 무언가를 약속하고 그 대가로 동생들의 몫인 과자와 초콜릿을 양보하라고 요구했다. 동생들이 자기 말을 안 들으면 종종 때리겠다고 위협하기도 했다. 그레타는 필요한 것을 얻기 위해서라면 못된 짓도 할 수 있었다. 그러다가 동생을 울려서 부모님께 혼이 나면 그레타는 그럴 생각은 없었다고 변명하며 미안하다고 말했다. 사실 그 말은 종종 사실이기도 했고, 그레타는 정말로 자기 행동을 뉘우쳤다. 어느 해 겨울, 할머니를 방문하러 갔던 부모님이 눈 때문에 통행이 제한돼 집에 돌아오지 못하는 상황이 발생했다. 부모님은 맏이인 그레타에게 눈이 다 녹을 때까지 당분간 동생들과 함께 집을 잘 보고 있으라고 당부했다.

못된 그레타

그레타의 부모는 할머니 댁에 갔다 폭설에 갇히는 바람에 예정보다 며칠 늦게 집으로 돌아오게 됐다. 그레타와 그녀의 동생들은 처음으로 자기들끼리만 지내게 되는데...

첫째 날

이웃집 아줌마가 주신 음식을 그레타는 공평하게 동생들과 나눠 먹었다. 식사 후에 설거지는 그레타가 했다.

둘째 날

동생들이 감자튀김을 사 왔다. 그레타가 특별히 좋아하는 음식이 라 제일 많이 먹고 동생들에겐 조금씩만 나누어 주었다. 식사 후 에 그레타는 동생들에게 설거지를 시켰다.

셋째 날

와, 피자다! 그레타는 혼자서 피자를 거의 다 먹어 치우고 동생들에겐 가장자리에 있는 딱딱한 빵만 떼어줬다.

넷째 날

그레타는 게으르게 소파에 누워 있고 주변에는 치우지 않은 쓰레기가 널려 있다.
그레타는 피자를 아무리 먹어도 질리지 않는다. 동생들에게 집안일을 몽땅 떠맡겼다.

다섯째 날

"이렇게는 더 이상 못해!"

그레타는 반성하고...

...모든 것이 다시 좋아진다

HAPPY END

이 이야기는 우리의 현재 상황 그리고 전 세계가 직면한 문제와 많은 관련이 있다. 극심한 빈부 격차 그리고 교육과 직업의 기회의 커다란 차별은 바로 우리가 영위하는 경제 체제가 낳은 산물이다. 서방의 많은 국가들이 오랫동안 이 이야기에 나오는 그레타처럼 행동해 왔다. 그레타가 마지막에 마음을 바꾼 것이 비록 비현실적인 것처럼 보이긴 하지만, 그렇다고 해서 절대로 불가능한 일은 아니다. 그리고 이는 오늘날 선진국이라 일컬어지고 있는 서구의 부강한 국가들에도 적용할 수 있다. 그러면 이제 두 번째 가능성에 대하여 이야기해 보기로 하자.

열 번째
질문

경제 위기에
우리는
무엇을 할까?

엘리너 오스트롬,
니코 파에히의 답

그레타네 집에 사촌 안나와 친구 몇 명이 와서 그레타와 함께 놀러 나갔다. 그 대신 K씨가 등장해 현실 세계에서는 모든 이야기가 행복한 결말로 끝날 수 없음을 보여 준다. 하지만 우리 이야기에는 행복한 결말이 있을지도 모른다.

이제부터 이야기하려는 두 번째 가능성은 첫 번째보다 더 좋은 것은 아니다. 때로는 두 번째 가능성이 더 현실적으로 느껴지는 날이 있다. 이 이야기는 우리가 잘 아는 K씨 혹은 예전의 자본주의 시장 경제로부터 시작한다. 국왕은 K씨를 경제 장관으로 임명하여 그에게 경제 개발 업무를 맡겼다. 우리는 거기까지 알고 있다. K씨는 너무 많은 제재를 받아 자기 능력을 마음껏 펼칠 수 없었다.

K씨의 성공 이야기

K씨는 요즘 전성기다. 국왕이 정한 모든 규칙을 거의 무시해 버렸고, 이는 왕국에 경제력의 증강과 함께 눈부신 성장을 가져왔다.

국왕은 빠른 경제 성장에 놀라움을 금치 못했다. 하지만 경제 장관인 K씨가 국왕에겐 결코 축복이 아니었다. 사람들은 K씨의 태도, 특히 대량 해고를 강행할 때 그가 보인 무자비한 태도에 원망이 늘어 갔다.

K씨는 실업자가 많을수록 좋다고 생각한다. 그러면 점점 더 적은 인력으로 점점 더 적은 임금을 주면서 일을 시킬 수 있다. 그러면 공장주에게 돌아가는 수익은 점점 더 많아질 것이다. K씨는 환호한다!

국왕은 절망한다. K씨를 쫓아내야 할까? 이런 불평등이 사라지도록 다른 사람을 경제 장관으로 앉혀 사회주의 경제를 실시하라고 해야 하는 걸까? 그렇게 해도 수많은 값싼 상품이 생산될 수 있을까?

값싼 상품을 마음껏 향유할 수 있는 사치를 포기하라고 하면 국민 사이에 반발이 거셀 것이다. 하지만 국왕은 시장 경제의 주축이 되는 공장이나 시설에서 많은 오염 물질이 배출된다는 사실을 눈치챘다.

사태는 더욱 악화된다.
어느 날 아침, 국왕이 믿고 의지하는 고문이 찾아와 면담을 요청한다.

그는 국왕에게 그동안 에너지가 많이 사용되어 유해 물질 배출량이 크게 늘어난 결과, 왕국의 대기권에 급격한 변화가 일어나고 있다고 보고한다. 국왕은 기온이 올라가고 있긴 하지만 별일이 아니지 않느냐고 물었고, 국왕의 고문은 고개를 절레절레 흔든다. 그는 온 세상의 기후가 매우 빠르게 변하고 있으며 조속히 대책을 세우지 않으면 머지않아 긴 건기(물기가 없어지면서 마른 기운이 지속되는 시기)를 맞게 될 것이라고 강조한다.

그럼 날씨가 카리브 해처럼 근사해지겠군! 국왕은 소리친다. 국왕의 고문은 유감스럽다는 표정을 지으며 국왕의 희망을 빼앗아 버렸다. 그는 국왕에게 설명한다. "송구합니다만 기온이 상승하는 것은 우리 왕국의 땅에 사람들이 살 수 없는 지역이 크게 늘어난다는 것을 의미합니다. 땅이 너무 건조해져서 더 이상 경작할 수 없게 되기 때문입니다. 그리고 빙산이 계속 녹아내려 왕국의 많은 지역이 바닷물에 잠기게 될 것입니다."

국왕은 마침내 그의 말을 이해한다. 고문이 보고한 내용은 생사가 걸린 문제였다. 국민 중에 배고파 죽거나 익사하거나 쓰레기에 묻혀 질식해 죽는 사람들이 나와서는 안 된다. K씨에게 제동을 걸어야 한다! 시장 경제를 당장 없애야 한다! 무분별한 이익 추구는 중단되어야 한다!

하지만 사태는 완전히
다르게 전개된다.

국왕이 습격을 당하고...

그의 충직한 고문이 국왕을
구하기 위해 달려가지만...

오히려 당하고 만다.

국왕은 외딴 곳에 갇히고

더 이상 아무것도
할 수 없다.

이 이야기는 아마도 여러분 마음에 들지 않을 것이다. 내 마음에도 들지 않는다. K씨와 비교하니 못된 그레타가 갑자기 천사처럼 느껴진다. 맛있는 아침 식사를 하고 나서 인생이 근사하게 느껴지는 날이면 세상이 그레타 이야기처럼 될 수도 있겠다는 생각이 든다. 그래서 이미 많은 것이 망가지긴 했지만 그래도 마지막 순간에 방향을 틀어 파멸을 막을 수 있으리라는 희망이 생긴다.

하지만 세상에 대하여 비관적인 생각이 들 때면 두 번째 이야기가 아무리 마음에 들지 않더라도 결국은 더 현실성 있는 이야기가 아닐까 하는 불길한 예감이 든다. 한 가지 확실한 것이 있다면 지금 이 순간 그 문제에 대답할 길이 없다는 사실이다. 그러므로 우리가 지금 해야 할 일은 분명하다. 고개를 들고 가슴을 펴고 눈앞에 닥친 문제의 해결책을 찾자! 이미 늦어 버린 것이 아니라면 한시도 지체해서는 안 되기 때문이다. 어느 길이 우리 스스로를 보호하는 세상으로 가는 길일까? 그 길을 선택한다는 것은 우리 경제 행위에 무엇을 의미할 것인가?

첫 번째 이야기대로 한다는 것은 무엇보다도 그레타가 초반에 그랬듯이 일시적인 이익만을 추구해서는 안 된다는 뜻이다. 우리는 우리의 경제 행위가 어떤 결과를 초래하는지 깊은 관심을 가져야 한다. 구두를 새로 살 때 우리는 스스로에게 다음과 같은 질문을 던져야 한다. 누가 이 구두를 만들었는가? 이것을 만드는 데 얼마나 많은 산업 쓰레기가 나왔는가? 재료의 산지는 어디인가? 이것을 만드는 데

참여한 모든 노동자들에게 공정하게 임금이 지급되었는가? 이 구두의
생산과 수송 과정에서 얼마나 많은 에너지가 소모되었는가? 이 모든
질문은 오늘날 우리가 직면한 문제를 해결하기 위해 경제학자들이 수
립하고 있는 경제 이론에 직접적인 영향을 미친다. 우리의 질문이 곧
경제 이론의 일부이다.

앞에서 소개한 구스타프 폰 슈몰러를 기억하는가? 그동안에
는 별로 인정받지 못한 그의 이론이 새롭게 검토될 가치가 있다고 앞
에서 말한 이유를 이제 밝힐 때가 되었다. 왜 하필이면 슈몰러인가? 그
는 보편적으로 적용될 수 있는 경제 이론은 없다고 주장했기 때문이
다. 슈몰러는 어떤 특정한 집단의 경제생활이 그 집단 구성원들의 문
화와 전통 그리고 가치와 신념 체계의 영향을 받는다고 확신했다. 바
로 이런 관점 때문에 슈몰러의 이론은 오늘날 놀랄 만큼 주목받고 있
다. 지금 우리에게 닥친 경제 위기와 쓰레기 문제, 빈곤과 이상 기후 현
상 등을 생각할 때 적어도 한 가지는 분명하다.

> 지난 몇 세기 동안 우리가 영위해 왔던 경제 체제와 그 체제를
> 뒷받침하고 있는 경제 이론은 실패했다. 그 결과 불과 200년 정
> 도의 짧은 시간 안에 지구는 파멸 위기에 놓이게 되었다.

지금까지 이야기한 경제 체제를 뒷받침하는 경제 이론의 흐름을 되짚어 보자. 애덤 스미스의 뒤를 이어, 모든 인간은 어느 문화권에 속하든 경제 행위에 관한 한 동일하게 행동한다고 주장한 경제학자는 칼 멩거다. 그는 애덤 스미스가 자유주의와 도덕 철학적인 사고를 바탕으로 정립했던 시장 경제 이론을 간단하게 일종의 자연법칙으로 만들어 버렸다. 그는 경제가 문화적 차이와 상관없이 보편적으로 나타나는 현상이므로, 그것은 분명 인간의 자연스러운 본성의 일부이지 결코 인간이 만든 문화의 일부가 아니라고 했다. 따라서 그는 경제를 시장의 원리에 맡겨 자율적으로 움직이도록 하는 것이 최선의 방법이라고 주장했다.

1920년대에 겪은 실패로 인해 자유 시장 경제는 한동안 위력을 상실했다. 자본주의 시장 경제의 부작용을 덜기 위해서는 국가가 중요한 역할을 담당해야 한다고 주장했던 케인스의 수정 자본주의가 채택되어 시장 경제에 제동을 걸었다. 독일에서는 한 걸음 더 나아가 사회적 시장 경제를 도입했다.

여러 가지 대책을 강구했음에도 불구하고 1970년대에 다시 심각한 경제 위기가 닥치고, 실업률이 조금도 줄어들 기미가 보이지 않자 신자유주의, 그중에서도 특히 밀턴 프리드먼의 이론이 각광받기 시작했다. 다시금 경제가 시장의 원리에 따라 움직이도록 어떠한 제재도 가하지 않는다면, 경제 활동에 참여하는 모든 사람들에게 자동적으로 최대의 이익이 돌아갈 것이라는 주장이 제기되었다. 시장은 외부로

부터 아무런 간섭도 받지 않아야 하고, 국가의 개입이 경제 성장에 조
금이라도 지장을 주어서는 안 된다는 것이다.

　　1980년대 이후 많은 국가에서 밀턴 프리드먼의 자유주의에
바탕을 둔 경제 정책을 수립했다. 정부는 기업에 대한 규제 완화책을
실시했고, 그동안 국가에 감독권이 있었던 영역들에 대한 통제를 점
차 줄였다. 철도와 우체국, 전력 공사를 비롯한 많은 에너지 공단이 민
영화되었고, 자유 시장 경제의 한 부분이 되었다.

　　심지어는 많은 국가들이 은행권과 금융 제도가 국가 경제에
미치는 막중한 영향에도 불구하고 그에 대한 통제도 완전히 중단했
다. 밀턴 프리드먼의 신자유주의 이론에 입각한 이 경제 체제에 대한
대안은 과연 무엇인가?

　　신자유주의 이론의 핵심은 경제가 어디에서 그리고 어떤 문화
권에서 진행되는가와 상관없이 일종의 자연현상처럼 일정한 법칙에
따라 움직이고 있다는 확신이다. 이런 생각이 잘못이었다는 사실이 분
명해진 이상 최근의 경제학 연구는 다른 방향을 택하고 있다.
그중에서도 특히 슈몰러의 관점이 옳았던 것은 아닌가 하는 데 관심
이 집중되고 있다. 그는 경제를 일종의 문화 현상으로 이해했으며 전
통과 가치 및 신념 체계에 영향을 받는다고 보았다.

　　오늘날 많은 경제학자들은 그동안 경제 현상의 표면에 나타
난 자연법칙적인 측면 때문에 문화적 차이의 역할이 상대적으로 과소
평가 되었다고 인정한다. 2009년 노벨 경제학상 수상자들은 어떤 문화

적 환경에서 사람들이 그들의 일시적인 이익만을 생각하는 것이 아니라 자신들이 생활하는 토대인 자연 그리고 공동체까지도 배려하는 경제 행위를 선택하는지 밝혀냄으로써 그 상을 수상하게 되었다.

공동 수상자 가운데 한 사람인 엘리노어 오스트롬(1933-2012)의 연구 대상에는 수 세대에 걸쳐 일정한 지역에서 고기를 잡아 생계를 꾸려 가는 어부들이 포함되어 있다. 이 어부들은 오늘날까지도 무분별한 남획으로 어족의 씨가 마르지 않도록 오랜 기간 자신들에게 장기적인 삶의 터전이 보존될 수 있도록 각별한 주의를 기울인다. 이 어부들은 법에 의해 그렇게 행동하도록 강요받거나 원칙적으로 시장 경제를 포기하지 않으면서도 자신들의 지속적인 삶을 가능케 하는 방식으로 행동한다. 우리 모두가 모범으로 삼아야 할 행동 양식이 그들의 문화적 전통에서는 당연한 행동이다.

독일어 사용권에서 최근에 행해지고 있는 국민 경제에 관한 연구가 새로운 방향을 모색하고 있다는 사실도 흥미롭다. 국민 경제 이론에 새롭게 등장한 어느 학파에는 '신(新) 관습경제학'이라는 긴 명칭이 붙어 있다. 이 학파의 이론은 슈몰러의 입장과 많은 점에서 유사성을 보인다. 여기에 속하는 학자들은 경제가 모든 사회에서 동일하게 나타나는 현상이 아니라는 인식으로부터 출발하여 다음과 같은 질문을 던진다. 우리의 시장 경제 바탕에 깔려 있는 전통과 가치 체계는 과연 무엇인가?

신관습경제학이라는 이름은 이 학자들의 연구가 지향하고

있는 방향에서 유래한 것이다. 관습은 다름 아닌 전통을 가리킨다. 그
들은 전통이 경제와 많은 관련이 있다는 사실을 발견했다. 예를 들어,
우리가 현재 영위하는 경제 체제에서 가장 중요한 요소 중의 하나인
'신뢰'가 없이는 아무것도 정상적인 기능을 발휘하지 못할 것이다. 우
리의 법 제도에 연관한 신뢰를 생각해 보자. 오늘날의 경제 체제는 동
업자와 맺은 계약이 지켜지지 않을 때, 법이 나의 권리를 보장해 줄 것
이라는 신뢰를 기반으로 계약이 성립된다.

　　　최악의 상황이 닥치는 것을 방지하기 위해서는 조금도 지체
할 시간이 없다. 이 점에 관한 한 많은 경제학자들이 같은 의견이다. 그
래서 그들은 오늘날의 경제 체제가 언젠가는 우리를 파국으로 이끄는
것을 막기 위한 구체적인 방안을 제시하려고 애쓴다. 그 가운데 많은
방안이 무척 효과가 클 것으로 기대돼 안도의 한숨을 쉬게 한다는 것
은 정말 다행이다. 특히 주목할 만한 것은 올덴부르크 대학의 한 학자
가 제시한 다음의 방안이다.

니코 파에히 ➜ 무엇보다 먼저 우리 경제는 즉시 성장을 멈추어야
한다. 왜냐하면 우리가 현재 직면한 문제들의 대부분은 우리가 지
금껏 경제 성장이 무조건 유익하다고 믿어왔기 때문이다.

이 제안은 가히 혁명적이라 할 수 있다. 지금까지 우리가 나눈 이야기를 잘 되짚어 보면 그 이유를 알 수 있다. 점점 증가하는 자본이 최대한 수익이 발생하는 곳에 투자되기를 희망하는 것, 그것이 곧 자본주의의 본질이 아닌가! 자본주의와 성장은 원래 서로 분리되기 힘든 관계다. 하지만 그 둘은 반드시 분리되어야만 한다고 올덴부르크 대학의 경제학자 니코 파에히(1960~)는 주장한다. 그렇지 않으면 언젠가는 모든 원자재가 소진되어 하나도 남지 않게 될 것이다.

그렇다면 어떤 방법으로 그렇게 할 수 있단 말인가? 그것은 사실 별로 어렵지 않다. 자금이 계속 세계 금융 시장에 몰리는 것을 억제하고 대신 애초에 형성된 곳에 남아 있으면서 지출되도록 유도하면 된다. 지역통화 제도(일정의 지역이나 커뮤니티의 참가자가 재화나 서비스를 자발적으로 교환하기 위한 만든 통화를 기반으로 한 경제 체제)의 도입은 실효성이 있는 예 중 하나다. 그렇게 하면 수요와 공급의 관계에 따라 움직이는 시장 경제의 이점을 최대한 누리면서도 지역에서 축적된 자본이 세계의 자금 시장으로 유출되는 것을 방지하고, 지역 내에 머물면서 지역 주민들에게 그 혜택이 돌아가도록 쓰이게 할 수 있다. 모든 지역 경제는 가능한 한 자급자족 체제로 전환되어야 한다. 그렇게 되면 한편으로는 연료 사용량이 감소할 것이며 다른 한편으로는 세계 경제 위기가 닥치더라도 타격을 덜 받을 것이다.

이제 정말 중요한 것이 남았다. 우리들 한 사람 한 사람이 바뀌면 사태가 개선될 수 있다! 물건을 새로 살 필요가 없는데도 굳이 새 운동화나 새 휴대폰, 그리고 새 자동차를 왜 사려고 하는가? 반드시 필요한 경우를 제외하고 소비를 억제한다면 장기적으로는 더 많은 사람들이 잘살 수 있게 될 것이다. 또한 우리가 지금 생각하는 것보다 아쉬움도 훨씬 적게 느낄 것이라고 니코 파에히는 확신한다.

마침내 이 책을 마무리할 때가 되었다. 장차 우리들의 손자 손녀 세대가 살아가게 될 시대의 경제가 어떤 모습일지 지금 이 자리에서 미리 꿰뚫어 보고 묘사한다는 것은 불가능하다. 하지만 적어도 한 가지 사실은 분명하다. 우리가 지금 맞고 있는 위기를 극복하려고 하지 않는다면 이 위험하고 커다란 변화를 피할 수 없다는 점이다. 신자유주의 체제와 무분별한 금융 자본주의의 종말은 머지 않았다. 그렇다면 이후엔 어떻게 될까? 시장 경제 체제를 완전히 포기하게 될 것인가? 이는 상상하기 어렵다. 시장 경제만큼 효과적으로 인간의 욕구를 만족시키고, 필요한 곳에 생산품이 조달되도록 움직이는 체제는 없기 때문이다. 그러나 아무리 쓰더라도 어쩔 수 없이 삼켜야 하는 약처럼 오늘날의 위기를 극복하려면, 더 이상 우리가 지속적이고 빠른 성장만 기대해서는 안 된다는 사실을 받아들여야 한다. 니코 파에히가 말한 것처럼 성장을 추구하지 않으면서도 시장 경제를 유지하는 길이 정말로 있는 걸까?

바로 이 질문에 어떤 답을 찾느냐에 따라 우리 미래는 달라질 것이다. 어쨌든 지구상의 많은 곳에서 이 문제에 대해 심사숙고하고 있다는 사실은 우리를 조금 안심시킨다. 우리 모두 그 해답이 너무 늦게 찾아지지 않기를 빌어야겠다. 부디 뒤에 나온 K씨의 이야기가 아닌, 앞에 나온 못된 그레타 이야기가 현실이 되기를 바라며.

옮긴이의 글

이 책을 번역하면서 주변의 중·고등학생에게 경제가 무엇이라고 생각하느냐고 물어 보았다. 한 친구가 이렇게 답했다. "무언가 돈을 버는 행위와 관련이 있고, 산업이나 고용, 노동 등에 대해 설명하는 것 아닌가요?" 그 대답을 들으니, 청소년들이 경제를 아직 자신의 삶과 별로 상관없는 영역에서 이루어지는 활동으로 생각한다는 걸 알았다. 경제가 청소년에게 특히 어렵게 느껴지는 건 아마 이 때문이 아닐까.

　　이 책은 청소년에게 그들이 지금 누리고 있는 일상생활의 모든 것이 곧 경제의 산물이라는 사실을 알려 준다. 아주 짧고 흥미로운 이야기 속에 경제에 관한 핵심적인 이론을 쉽게 녹여, 사회 과목 중 경제를 가장 어렵게 생각하는 청소년들의 고정관념을 바꾸는 데 충분한 역할을 한다.

　　또한 이 책은 경제를 교과서 속 개념이나 이론으로만 보지 않고, 그들이 살고 있는 현실 사회와 어떻게 관계 맺는지를 잘 설명하고 있다. 우리가 지금 어떤 세상에서 살고 있는지, 그리고 어떤 세상에서 살게 될 것인지는 우리 사회가 선택한 경제 체제에 따라 달라진다.

거창하고 어렵게만 여겨지는 경제 정책이 실은 우리 개개인의 삶과 직결되어 있다는 사실을 깨닫는 데는 그리 오랜 시간이 걸리지 않을 것이다.

저자 한스-크리스토프 리스는 책의 마지막 부분에서 오늘날 우리가 처한 위기 상황을 벗어나려면, 우리 스스로가 어떠한 질문을 던져야 하는지를 이야기한다. 나아가 지금 당장의 경제적인 성장만 생각할 것이 아니라, 앞으로 맞이할 세상을 고려하는 경제 행위를 하기를 당부한다. 청소년 독자들이 이 책을 기회로 그러한 생각을 조금이라도 할 수 있다면 옮긴이로서 큰 보람을 느낄 것이다.

고 영 아

찾아보기

ㄱ

경기 부양책 132, 143, 152-153

경기 순환 곡선 130, 144

경제 성장 100, 103-105, 116, 130, 152-153, 165, 181

경제 위기 100, 118-145

경제 행위/경제 행동 68, 70, 74-76, 78-81, 85, 178, 180

계획 경제 체제 42, 95, 101, 103, 105, 107, 116

공급 15, 32, 35, 39, 42, 56, 78, 89, 93-94, 99-100, 102, 106-107, 113, 152-153, 155, 164

공황 120, 130, 144-145, 157

관세 39

관습 70, 76, 182-183

교환 27, 29, 42, 85, 87, 88, 93, 112

구스타프 폰 슈몰러 64-65, 67, 68-71, 73, 75-76, 160, 179, 181-182

국부론 40, 43, 67

금융 시장 92, 112, 145, 184

ㄴ

노동력 56-57, 71, 101, 106, 152

노동자 46, 49, 52-53, 56-58, 60-61, 71-73, 99, 100-101, 109, 115-116, 124-125, 129-130, 136, 155-157, 167, 179

니코 파에히 184-185

ㄷ

담합 99-100, 106, 108

대공황 120, 130, 157

대기업 99-100

도덕 감정론 43

도산 127, 145

독점 99-100, 103-104, 108

디폴트 145

ㄹ

로널드 레이건 156

루트비히 에르하르트 107-109

ㅁ

물물 교환 27, 92

모라토리엄 145

밀턴 프리드먼 149, 152-156, 161

ㅂ

발터 오이켄 105

보이지 않는 손 32, 42-43, 73, 87, 165

봉건 사회 28, 34, 39

분배 8-9, 14, 29, 32-33, 40, 61, 72, 87-88, 99-100, 102-103, 105, 112, 117, 165

분업 27-29, 36-37, 43, 45-46, 48-49, 53, 55-57, 60-61, 67-69, 70-71, 98, 104, 113, 129

비용 55, 81, 108, 132, 136-137, 155

빌헬름 뢰프케 107

ㅅ

사유 재산 61

사회 기반 시설 34-35, 36, 61, 68, 70-71, 92, 111, 132

사회적 시장 경제 체제 91, 104-105, 106-108, 114, 117, 149, 152-153, 180

사회주의 경제 체제 60-62, 115-117

산업 혁명 47-48, 53, 113

산업화 53, 111, 120, 124, 163

생산 수단 56-57, 61, 99, 111, 115

서비스 8-9, 14

세계 경제 위기 118-145

수요와 공급 32, 35, 39, 42, 78, 93-94, 99, 106-107, 152, 184

수정 자본주의 157, 180

시장 경제 체제 35, 40, 42, 57, 88, 95, 98-100, 104, 106, 108,
　　　　114, 129, 149, 153, 157, 165, 185

신고전학파 75

신관습경제학 182-183

신용 경색/신용 위기 127, 145

신자유주의 156-157, 160, 180-181

실업/실업자 92, 95, 101, 106, 109, 119, 125, 130-132, 136,
　　　　152-157

실업률 132, 153-154, 180

ㅇ

아리스토텔레스 14, 17, 39

알렉산더 뤼스토프 105, 160

알프레드 뮐러-아르마크 107

애덤 스미스 18-19, 24-25, 29, 32-33, 37-39, 40-43, 45, 48-49,
　　　　52-54, 56-57, 88, 104, 106, 113, 180,

엘리노어 오스트롬 182

유로 위기 143

이윤 59, 89

이자 126-127, 137, 140, 143, 144-145

인플레이션 95

임금 52, 57-58, 72, 99-100, 109, 129, 152, 154-155, 157, 179

잉여 가치 57

ㅈ

자급자족 경제 15-16, 23, 28, 33, 48-49, 55

자본가 44, 57, 58-60, 111

자본주의 45, 49, 54, 57-59, 61-62, 71-72, 92, 101, 116,
　　　　120-121, 152, 157, 160, 162-164, 173, 180, 184-185

장원 경제 28

재정 위기 143

재화 8-9, 14, 17, 29, 32, 37, 40, 56, 58, 72, 80, 86-89, 92, 94,
　　　　98, 112, 116

제로 시점 92, 129

존 메이어드 케인스 119, 130-133, 147, 149, 152-154, 180

주도산업 127-128, 130-131, 134-135, 137, 142, 154-155

주식/주식회사 111-113, 126-127, 132, 137, 138-142, 144

중소기업 100

질서자유주의 107-108, 152

ㅊ

채권 139-142, 144

채무/채무자 143, 145, 161

ㅋ

카를 마르크스 45, 49, 53, 65, 71, 115

칼 멩거 75-76, 84, 87, 106, 180

ㅌ

투자/투자자 111-113, 126-127, 129, 132, 136-138, 141, 145,
　　　　157, 166, 184

ㅍ

프랭클린 루스벨트 132, 157

ㅎ

한계 효용 79-80, 85-86, 89

호모 이코노미쿠스 86

화폐 27-29, 92-95, 98, 102, 107-108, 114, 129, 132, 162

희소성 14, 17

청소년을 위한 텐텐 경제학

1판 1쇄 2012년 12월 26일
1판 13쇄 2025년 2월 25일

지은이 한스-크리스토프 리스
옮긴이 고영아
펴낸이 이재일

책임 편집 황여진
제작·마케팅 강지연, 강백산
디자인 조희정

펴낸곳 토토북
출판등록 2002년 5월 30일 제2002-000172호
주소 04034 서울시 마포구 잔다리로7길 19, 명보빌딩 3층
전화 02-332-6255 | **팩스** 02-6919-2854
홈페이지 www.totobook.com | **전자우편** totobooks@hanmail.net
ISBN 978-89-6496-113-1 43320